SAGEN AUS DEM MARKGRÄFLERLAND

Ludwig Vögely

SAGEN AUS DEM MARKGRÄFLERLAND

G. Braun Karlsruhe

Für erteilte Abdruckgenehmigung danken wir

Arbeitsgemeinschaft Markgräflerland für Geschichte und Landeskunde, Lörrach: 1, 2, 10, 11, 27–29, 31–40, 44, 45, 50–52, 55, 66, 81, 82, 119, 123, 125, 128–130, 132–144, 147–156

Eugen Diederichs Verlag, München: 16, 25, 30, 42, 43, 46, 88, 94, 106, 113, 157, 160, 162

Gemeindeverwaltung Steinen: 76

Fotos

Augustinermuseum Freiburg (Fotos Hans Peter Vieser, Freiburg): 101, 115, 121

Kunsthaus Zürich: 35

Öffentliche Kunstsammlung Basel: 15, 59, 107

Staatliche Graphische Sammlung München: 20/21

Staatliche Kunsthalle Karlsruhe: 89, 91, 95, 103, 135, 139

Staatsarchiv Basel: 72/73

Umschlag: Robert Dreikluft, Karlsruhe; Werner Richner, Völklingen

Gesamtherstellung: G. Braun, Druckerei und Verlage

CIP-Titelaufnahme der Deutschen Bibliothek

Sagen aus dem Markgräflerland /
Ludwig Vögely. – Karlsruhe : Braun, 1989
ISBN 3-7650-8063-2
NE: Vögely, Ludwig [Hrsg.]

Inhalt

Einleitung

Do wo der Rhy go Norde zieht
By Basel an de Brucke,
Do lyt e Land im dütsche Biet
Gar schön in alle Stucke:
Im Blaue zue e sunnig Rebland
Im Wiesedhal e raurig Rebland
E Lebland volle Obs un Wy
E schöner Ländli fundsch nit gly:
' Markgrefler Land am Rhy!

(Hermann Burte, Markgräflerlied, 1. Strophe)

Hoch von der langen schwarzen Möhr herab,
vom Platzberg her, auf wohlbekanntem Pfad
erschein ich dir, o Freund, den Blumenkranz
dir bringend, den ich jüngst in Wald und Flur
und an der Wiese duftigem Gestad
und um die stillen Dörfer her gepflückt . . .

(Johann Peter Hebel, Einem Freund und der ehrsamen Gemeinde Hausen im Wiesental geweiht, bei Übersendung der alemannischen Gedichte)

Hebel selbst hatte ein eigenes Verhältnis zu Geistern und Gespenstern. Der Dengelegeist ist dafür das beste Beispiel. Er hauste in verschiedener Gestalt am Feldberg, erschien als großer schwarzer Kerl, als Holzhauer mit einer Sense auf der Schulter, als Klopfgeist, der den Tod ankündigte, oft begleitet von einem Puhu, wie man feurige Männer im Wiesental hieß. Davon weiß man heute nichts mehr, aber Hebel hat in manchem seiner Gedichte alten Volkssagen seine, die Zeit überdauernde Form gegeben. „Geisterbesuch auf dem Feldberg“, „Die Irrlichter“, „Das Gespenst an der Kandener Straße“ oder der wuchtige, dramatische „Karfunkel“ sind Beispiele dafür.

Geographisch hat Otto Wittmann das Markgräflerland wie folgend umgrenzt: „Unter dem Markgräflerland sei der dem Rhein nordwärts bis Neuenburg-Sulzburg folgende rechtsrheinische Landstreifen verstanden, der sich vor dem Schwarzwald und dessen nach Westen gerichteten Steilabfall hinzieht und dabei im wesentlichen aus den Hügeln und Bergen der Vorbergzone gebildet wird. Im Westen und nach Norden hin säumt ihn eine nordwärts immer mehr an Fläche gewinnende Talebene des Rheins. Das Knie des Rheinstromes bei Basel umfaßt diese Landschaft im Süden; nach Norden hin verliert sie sich unmerklich in den Hügeln um Heitersheim." (In „Das Markgräflerland", 1969, S. 21f). Dem Wiesental mit seinen Seitentälern und dem Dinkelberg widmet sich der zweite Teil der Sammlung.

Die Herausgabe der Sagen des Markgräflerlandes und des Wiesentales beruht auf keiner eigenen Forschung. Es wurde vielmehr versucht, die verstreut in vielen Sammlungen, Zeitschriften und Chroniken zu findenden Sagen zusammenzutragen und in einem Band wieder zugänglich zu machen. Dabei muß der Leser berücksichtigen, daß beispielsweise – um nur einen Namen zu nennen – Bernhard Baader seine Sagen 1851 und 1859 veröffentlicht hat. Der alte Erzählduktus wurde beibehalten und nur selten wurden geringfügige Änderungen vorgenommen, wenn dies das Verständnis erforderte. Manche der Sagen nähern sich der Legende oder der historischen Anekdote, die Verflochtenheit mit diesen beiden anderen literarischen Formen wird dabei deutlich. Die Erzählweise der Sage ist knapp und sachlich, und sie verzichtet – im Gegensatz zum Märchen – auf jede Ausschmückung. Das eine oder andere Beispiel romantischer Ausmalung findet sich trotzdem in diesem Band, als Ausdruck jener Zeit, in der der Verfasser die Sage in diese Form gebracht hat.

Einen wesentlichen Bestandteil der Sammlung lieferte das „Badische Sagenbuch, Sagen Freiburgs und des Breisgaus", herausgegeben von Joseph Waibel und Hermann Flamm (1899). Paula Hollenweger, die unvergessene Markgräfler Dichterin, 1900 in Feldberg geboren, hat viele Sagen in ihrem Heimatort, dessen Umgebung und im Wiesental erfragt und korrekt aufgezeichnet. Die in ihrer motivtypischen Anordnung beispielhaften „Schwarzwaldsagen" von Johannes Künzig wurden ebenfalls ausgewertet und natürlich alle älteren Sagensammlungen. Die Sagenforschung hat

Teufel und Hexe haben sich in einen Wolf und eine Katze verwandelt, Holzschnitt von 1626

vor allem aufgezeigt, daß das „Für-wahr-halten" des Erzählten wesentliches Merkmal der Sage ist. „Ursprünglich verlangte die Sage von Erzähler und Hörer den Glauben an die Wirklichkeit des Erzählten. Gerade dadurch unterschied sie sich vom Märchen und Schwank." (Röhrich a.a.O., S. 3) Die Sage will also nicht bloßes Fantasiegebilde sein, zu ihr gehört die Verknüpfung mit der Wirklichkeit. Sie zeichnet sich durch einen großen Formenreichtum aus.

Einen häufig wiederkehrenden Sagentyp bilden die *Hexensagen*. Es ist ein uralter Glauben, daß es Menschen gibt, vor allem Frauen, die übernatürliche Kräfte besitzen und diese zum Schaden der Mitmenschen einsetzen. Besonders der Bauer fürchtete für seine Familie, für Vieh und Besitz. Buhlschaft mit dem Teufel ist ein Hauptmerkmal der Hexe, ihm ist sie verfallen und von ihm hat sie ihre Zauberkraft. Sie kann sich in vielerlei Gestalten verwandeln. Die Hexe sitzt z.B. als Speiche in einem Rad und blockiert den Wagen. Häufig nimmt sie Tiergestalt an, erscheint als Hund, Kröte, schwarze Katze oder Hase, der trotz gut gezielter Schüsse nicht erlegt werden kann, sondern nur durch geweihtes Pulver. Hexen machen schwere Unwetter, verhexen Kühe, melken Milch aus einem Besenstiel und zaubern im Nu ein Mittagessen herbei. Sie blasen Krankheiten an und versuchen, Kindern die Hexerei zu lernen. Einmal im Jahr kommen die Hexen zu einer großen „Fasnet“ zusammen, z.B. auf dem Kandel. Von weit her reiten sie auf einem Bock, Schwein oder Besenstiel herbei, zechen und tanzen. Und dabei schmiedet man auch teuflische Pläne, wie unsere Sagen zeigen.

Besonders häufig sind die *Schatzsagen.* Das Bestreben der Menschen, einen Schatz zu heben und damit den Sorgen des Alltags zu entrinnen, geht in uralte Zeiten zurück. Seit den Toten Beigaben mit ins Grab gegeben wurden, war die Möglichkeit gegeben, einen Schatz zu finden. Auch in Kriegszeiten wurde viel Geld vergraben, und Kostbarkeiten wurden in Sicherheit gebracht. Man vermutet diese Schätze besonders in Burgverliesen, Trümmern und ehemaligen Klöstern. Sie zu heben aber ist schwer. Der Schatzgräber braucht Mut und muß eisern schweigen können – immer geschieht im letzten Augenblick etwas Schrecken- oder Ekelerregendes –, sonst verschwindet der greifbar nahe Schatz für immer. Meist sind es weiße Frauen oder Burgfräulein, die den Schatz hüten und die Menschen anlocken, ihn zu heben, denn dann erst werden sie erlöst.

Das *Wilde Heer* ist besonders im Markgräflerland in vielen Sagen bekannt. Oft sind es historische Gestalten, die durch ihren Lebenswandel dazu verurteilt sind, nach ihrem Tode als Wilde Jäger umzugehen. Im Markgräflerland gilt das für den zu seinen Lebzeiten unersättlichen Jäger Habsperger, der nun jagen muß, die Leute bedroht und sie mit Knochen bewirft.

Zwergensagen gibt es da, wo sich Höhlen, alte unterirdische Gänge, Bergwerke befinden, z.B. in Hasel. Die Zwerge helfen im Bergwerk, den Bauern, Müllern oder im Hause. Sie sind freundliche Wesen, aber Neugier oder Gewalt zwingen sie zu ihrem Auszug, und sie werden dann nie wieder gesehen. Nehmen sie die Hilfe der Menschen in Anspruch, geben sie reichen Lohn. Legt man den Zwergen als Dank für ihre Arbeit neue Kleider hin, dann fühlen sie sich ausgelohnt und kommen ebenfalls niemals wieder.

Die *Bergwerksagen* stellen ein Stück Kulturgeschichte dar. An etwa tausend Stellen wurde früher, hauptsächlich nach Silbererz, gegraben. Besonders gepflegt wurde der Silberbergbau im Wie-

Alchimisten mit Teufel

sental (Schönau, Todtnau), in den Grafschaften Rötteln und Sausenberg, im Sulzburger Gebiet usw. Orte wie Todtnau, Kandern, Badenweiler, Sulzburg verdanken hauptsächlich dem Bergbau ihr Dasein und Wachstum. Das Ende des 16. Jahrhunderts brachte durch die Ausbeutung großer Vorkommen in den USA einen starken Rückgang des heimischen Silberbergbaus. Der Dreißigjährige Krieg tat dann das Seine zum Zerfall vieler Gruben. Die Sagen erzählen nun, daß der Reichtum die Bergleute übermütig gemacht und zu gotteslästerlichem Treiben veranlaßt habe. Das Strafgericht Gottes in vielfältiger Weise blieb nicht aus. Natürlich gibt es auch Bergwerksgeister. Sie verkünden Unheil und sorgen für das Einhalten des Feierabends. Die Bergmännle reizen aber auch zur Wiedereröffnung von Gruben und weisen durch Klopfen auf ergiebige Gänge hin.

Viele Sagen stehen im Zeichen christlicher Wertvorstellungen. Alles Magische wird in der Sage als böse und teuflisch angesehen, und deshalb muß auch eine Strafe erfolgen. Dies trifft besonders auf die Grenzsteinversetzer zu, die nach ihrem Tode „gehen" müssen, auf Sonn- und Feiertagsfrevler und ungetreue Priester. Auch die häufigen *Glockensagen* stehen unter dem Einfluß des Christentums. Glocken begleiten uns Menschen von der Taufe bis zum Grabe, zu ihnen haben wir ein besonderes Verhältnis. In der Sage üben sie häufig eine Schutzfunktion aus. Sie lassen sich nicht auf einen anderen Kirchturm bringen, sondern wollen auf ihrem angestammten Platze bleiben. Dann vertreiben sie durch ihr Geläute Unwetter. Selbst die Geisterwelt kommt gegen die Glocke nicht an.

Die reiche, oft blutige Geschichte spiegelt sich in den *historischen Sagen* wider. Sie berichten von außerordentlichen Geschehnissen. Besonders häufig ist der Typ des ungerechten und grausamen Zwingherrn vertreten, was bei den vielen Burgruinen kein Wunder nimmt. Von jeher hat man versucht, den Untergang dieser Burgen zu erklären. Die Sage geht bei ihren Erklärungen fast immer in festgesetzter Reihenfolge vor. Da gibt es den harten und grausamen Herrn, der die Bauern plagt und schindet und übermäßige Abgaben und Dienste verlangt. Bei Nichterfüllung der Auflagen bestraft er sie an Leib und Gut. Dafür zerfällt die Burg, und der Ritter muß nach seinem Tode umgehen. Diese Sagen haben also einen moralischen Aspekt, das Gute wird belohnt, das Böse bestraft. Aber es gibt im Markgräflerland und im Wiesental auch Sagen, die über den „Burgherrentypus" hinausgehen, etwa die Geschichte der untergegangenen Stadt Kems in Verbindung mit dem Untergang zweier Christenheere in der Hunnenschlacht im Breisgau, oder die Sagen vom Grabe Attilas und der Schlacht von Schönenbuchen.

Sagen sind keine objektiven Geschichtsquellen, dazu sind ihre Zeitangaben zu pauschal (Ritterzeit, Franzosenzeit). Aber sie geben in anschaulicher Weise Auskunft über Leben und Leiden längst vergangener Generationen. Sie vermitteln einen lebendigen Eindruck von den damaligen sozialen Mißverhältnissen und von dem beschwerlichen Weg bis zu unserer heutigen Gesellschaft.

Ludwig Vögely

Zwischen Heitersheim und Lörrach, zwischen Rhein und Blauen

Ausschnitt aus der Schwarzwaldkarte von Sebastian Münster von 1545

SEEFELDEN

RUSSEN WERDEN VON EINEM SCHMIED FESTGEBANNT

Als einmal die Russen im Land waren, mußte der Schmied von Seefelden bei Müllheim auch diesen die Pferde beschlagen. Eines Tages kamen auch wieder einige zu ihm. Doch als der Schmied die Pferde beschlagen hatte, saßen die Reiter auf, ohne zu bezahlen.

Da rief der Schmied, der sich aufs Zaubern verstand, ihnen nach: „Rite nume zue, ihr chömme doch nit wit!“ Und die Russen kamen wirklich nur bis zur Banngrenze, da gingen die Pferde keinen Schritt weiter. Die Reiter versuchten vergeblich, sie zum Weitergehen zu bewegen. Schließlich ritten sie zum Schmied zurück, warfen ihm das schuldige Geld in den Hof, und nun konnten sie ungehindert weiterreiten. (1)

SEEFELDEN

SARGNÄGEL ALS MITTEL GEGEN ZAHNWEH

Eine Frau von Seefelden wurde tagelang von Zahnweh geplagt. Da ging sie zu einer alten Frau, die etwas vom Heilen und noch manchem anderen verstand. Die Alte sagte der Frau, sie solle zum Totengräber gehen, von diesem einen rostigen Sargnagel holen und damit in dem kranken Zahn bohren, bis er blute. Dann müsse sie etwas Gutes tun, und das Zahnweh würde bis Sonnenuntergang aufhören. Dazu gab ihr die Alte noch ein Brieflein, das in einen Leinenlappen eingenäht war, und die Frau mußte das Brieflein um den Hals tragen. Die geplagte Frau bekam auch den Sargnagel, bohrte im kranken Zahn, bis er blutete, schenkte einem armen Kind ein Paar getragene Schuhe, und als die Sonne unterging, hatte auch das Zahnweh aufgehört. Von da an bekam die Frau nie mehr Zahnweh. (2)

Blick vom Bubenberg auf Sulzburg, Zeichnung von Hans Bock d. Ae., 16. Jh.

ST. ILGEN

WOHER DER ORTSNAME KOMMT

Zur Zeit der Merowinger soll sich ein Einsiedler im Walde bei Paris aufgehalten haben. Einst jagte ein merowingischer König in diesem Walde, und ein verfolgtes Reh flüchtete sich in die Hütte des Einsiedlers und suchte Schutz unter dessen Gewand, so daß es dem König verborgen blieb. Dieser Einsiedler hieß St. Giles, und ihm zu Ehren soll St. Ilgen von einem merowingischen Prinzen gestiftet worden sein.

Im Kirchenbuch der benachbarten Pfarrei Betberg vom Jahre 1732 wird der Name entweder von St. Ottilien oder von St. Egidi abgeleitet. Noch können sich alte Leute eines Bildes erinnern, welches einst auf dem Altare stand und obigen Vorgang darstellte. Es war ein Schnitzbild, das ein Reh darstellte, welches an einem Manne hochschaute. Erst vor einigen Jahrzehnten ist es abhanden gekommen. (3)

SULZBURG

DAS HINTERE BAD

Vor mehr als dreihundert Jahren erkrankte ein armer Köhler, der ganz allein mitten im Tannenwald wohnte. Seine Krankheit hatte ihn fast völlig gelähmt; mühsam schleppte er sich zu dem in der Tiefe des Tales rinnenden Bächlein und badete darin. Nach kurzer Zeit erhielt er den Gebrauch seiner Glieder wieder und verbreitete nun die Kunde seiner wundersamen Heilung überall. Bald entstand ein Badehäuschen an der Stelle, wo heute Bad Sulzburg steht. (4)

BRITZINGEN

DIE WEISSE JUNGFRAU UND DER SCHUSTERGESELL

Vor ungefähr siebzig Jahren ging eines Sonntags ein katholischer Schustergesell, der in Britzingen in Arbeit stand, auf das verfallene Bergschloß Neuenfels. Dort kam eine schneeweiße Jungfrau zu ihm und fragte, was er da mache und ob er sich in der öden Burg nicht fürchte. Er antwortete, daß er sich Haselnüsse breche und, da er niemand etwas zu Leide tue, keinen Grund zur Furcht habe. Sie hieß ihn, mit ihr zu gehen, was er auch ohne Bedenken tat.

Bei einem Steine öffnete sie mit einem Schlüssel die eiserne Pforte eines unterirdischen Ganges, der sein Licht durch Zuglöcher an der Decke erhielt. Als sie hindurchgegangen waren, kamen sie mittels der Schlüssel nacheinander in drei mit Eisentüren versehene

Gewölbe, in deren jedem ein großer schwarzer Hund viele Kisten bewachte. Auf Geheiß der Jungfrau sprangen die Hunde von den Kisten herab, und sie machte diese auf. Die im ersten Gewölbe waren mit Silbergeld, die im zweiten mit Goldmünzen, die übrigen mit kostbarem Schmuck, goldenen und silbernen Gefäßen angefüllt. Nachdem der Geselle alles betrachtet hatte, führte ihn seine Begleiterin wieder zurück auf den Platz, wo sie ihn zuerst getroffen hatte. Dort sprach sie zu ihm: „Du kannst mich erlösen und dir dadurch alle die Schätze und deinem Hause immerwährendes Glück verschaffen. Komme drei Samstage hintereinander abends nach der Betglocke auf das Schloß, wo du mich stets auf dem Stein bei der Türe des unterirdischen Ganges finden wirst. Von dort trage mich jedesmal auf deinem Kopfe, da, wo du den heiligen Chrisam empfangen, bis zu diesem Steine hier. Reden mußt du nichts, dich auch durch das, was dir etwa begegnet, nicht schrecken lassen, denn es wird dir kein Haar beschädigt." Der Bursche versprach, alles zu tun, kam auch die beiden folgenden Samstage zur bestimmten Zeit in die Burg und trug auf seinem Kopfe die Jungfrau von dem einen Stein zum anderen, ohne auf ein Hindernis zu stoßen.

Als er am dritten Samstag den Schloßberg hinanstieg, blitzte und donnerte es und ein Tonspiel ließ sich hören. Aber er ging getrost hinauf und begegnete einer alten Frau, welcher aus der Nase der Rotz gleich einem Eiszapfen bis auf den Bauch hing. Sie fragte ihn nach dem Weg zu einem benachbarten Ort, wo sie morgen bei einer Hochzeit zu kochen habe. Ohne ihr zu antworten, sagte er leise vor sich hin: „Du magst mir eine schöne Köchin sein mit deiner silbernen Rotznase!" Kaum hatte er dies gesprochen, so verschwand die Frau, und es krachte so fürchterlich, als ob der ganze Wald zusammenbräche. Entsetzt floh er, und obgleich die weiße Jungfrau vom unterirdischen Gang her ihm zurief: „Freund, sei standhaft und vollbringe dein Werk, es wird dir kein Haar beschädigt!", so ließ er sich doch nicht halten. „Wehe mir, die Eichel ist noch nicht am Boden, aus derem künftigem Stamm die Wiege des Jünglings gemacht wird, der mich wieder erlösen kann!" Dies hörte er auch noch die Jungfrau ihm nachrufen. Er eilte unaufhaltsam fort und kam ganz verstört nach Hause.

Im Gefühl seines nahen Todes verlangte er einen Beichtvater seines Glaubens, erzählte ihm und seinem Meister, was ihm auf der Burg widerfahren war und starb am folgenden Morgen. (5)

SCHLOSS NEUENFELS

Eine halbe Stunde von Oberweiler aufwärts liegt die Ruine des Schlosses Neuenfels. Die Mauern stehen noch; man sieht den alten Schloßhof und nahe dabei den Platz des ehemaligen Gartens. Von der Geschichte des Schlosses schweigen die Urkunden. Der letzte Besitzer war Christoph von Neuenfels, der es mit seiner Gattin, einer Tochter und fünf Dienstboten bewohnte. Noch im Jahre 1540 hat man Kunde von ihm. Eine wohldressierte, große Dogge holte jeden Tag in Britzingen oder Badenweiler den Fleischbedarf in einem Korbe für die Familie. Nachdem der Hund aber mehrere Tage lang ausgeblieben war, ahnte man nichts Gutes. Man begab sich auf das Schloß, fand den Hund neben einigen Dienern erschlagen und die Herrschaft ermordet. Die Greueltat war wahrscheinlich von Räubern verübt worden. Die Leichen wurden in Britzingen beigesetzt.

Eberhard von Neuenburg war der letzte Ritter auf der Burg. Einst zog eine Ordensfrau mit einer jungen Novizin nach Freiburg. Ein Unfall zwang sie, ihre Reise abzubrechen und bei Eberhard Obdach zu suchen. Halb durch Zwang, halb durch seine Überredungskünste brachte der Ritter die Jungfrau von ihrem Vorhaben, ins Kloster zu gehen, ab und heiratete sie. Doch er sollte die so Gewonnene bald wieder verlieren. Als er einst von der Jagd heimkam, fand er Frau und Kind ermordet. Da stürzte er sich in die Tiefe des Burggrabens. Das Schloß zerfiel bald. In mondhellen Nächten sieht man bisweilen eine hohe, bleiche Gestalt mit einem großen, schwarzen Bart im Burggraben wandeln.

Von der Zeit an, da Schloß Neuenfels Ruine wurde, haben dort zwei Raben genistet und Junge geheckt. In den Jahren, in welchen diese Raben an einen anderen Ort wichen, gab es einen sonderbaren Zufall und teuere Zeiten. Von 1624 an hat man keine Raben mehr gesehen, sondern es haben Falken und andere Raubvögel droben genistet. (6)

Die Herren von Neuenfels wurden bereits 1307 erwähnt. Im 16. Jh. verarmte das ehemals reiche Geschlecht, das den Ruf der Güte und Menschlichkeit genoß.

MÜLLHEIM

DER DORFZOZZEL

Wie viele Städte und Orte im Lande hat auch Müllheim ein Ortsungeheuer, den „Dorfzozzel“. An Gestalt einem jungen Stier ähnlich, schreckte und ängstigte er mit Vorliebe Kinder, die sich noch spät auf der Gasse herumtrieben.

Viele sagenhafte Überlieferungen gibt es auch über die alte Kirche. Ehemals zu einem Kloster gehörig, blieb sie allein noch erhalten, und oft kann man um Mitternacht das ewige Licht noch schimmern sehen und Schatten betender Mönche bemerken. (7)

MÜLLHEIM

DER HAPSBERGER

In der Mitte des 16. Jahrhunderts war Freiherr von Hapsberg Landvogt in der Herrschaft Badenweiler. Mit seiner Hilfe führte der Markgraf dort das Luthertum ein, wobei Hapsberg so eifrig war, daß er sich in der Müllheimer Kirche mit auf den Chor stellte und den neuen Gesang leiten half.

In seinem Amte war er hart und erlaubte sich manche Gewalttat. Einem Juden, welcher schon öfters wegen Diebereien gestraft worden war, hatte er für den nächsten Fall mit dem Henken gedroht. Als er nun eines Tages mit seinem Diener und dem Hatschier von Müllheim gegen Salzburg ritt, gewahrte er von der Höhe aus den Juden, der eilig die Flucht ergriff, als er den Landvogt erblickte. Dieser ließ ihn jedoch durch seine Begleiter einfangen und seinen Zwerchsack untersuchen. Darin fanden sich ein paar Hühner, die der Jude, wie er eingestand, in Zunzingen gestohlen hatte. Da erinnerte Hapsberg den Juden an seine Drohung und ließ ihn durch seine Leute ohne weiteres an den nächsten Nußbaum aufknüpfen.

Dieser Platz, welcher an einem Kreuzweg liegt, wird noch heute der Judengalgen genannt. Danach berichtete der Landvogt dem Markgrafen, daß er den Juden, vorbehaltlich der höheren Genehmigung, habe henken lassen und bat, ihm diese zu erteilen. Er

Der Rhein mit Müllheim, Kupferstich von Wenzel Hollar, 17. Jh.

erhielt sie zwar, jedoch mit der Weisung, künftig die Todesurteile nicht nach, sondern vor der Vollstreckung bestätigen zu lassen.

Eine andere Bedrückung der Leute entstand aus des Hapsbergers unmäßiger Jagdliebe. Selbst aus der Predigt ließ er sie zum Treiben holen und verfolgte das Wild bis in die Fruchtfelder, so daß die Ernte großenteils zugrunde ging. Einmal ritt er noch in den Wald des Innerbergs auf die Jagd, als seine Frau schon Geburtswehen empfand. Bald aber wurde er nach Hause gerufen, weil sie und ihr neugeborenes Kind im Sterben lagen. Da sprengte er in solcher Hast zurück, daß er bei dem Judengalgen mit dem Pferde stürzte und den Hals brach.

In der Kirche zu Müllheim wurde er mit seiner Frau und dem Kinde beigesetzt. Auf der einen Hälfte des Grabdenkmals ist er im Harnisch, und auf der anderen sie mit dem Totenkopf des Kindes in den Händen in Stein ausgehauen. Wie der Freiherr hier abgebildet ist, so zeigt sich in manchen Nächten sein Geist auf dem Chore, oder, von einem schneeweißen Hündchen begleitet, außen bei der Kirche. Gewöhnlich aber erscheint er als Jagdherr, von bellenden Hunden, die er hetzt, umgeben. Mit denen fährt er, besonders

nachts, durch die Lüfte in ganz Deutschland umher und ist unter dem Namen des wilden Jägers allenthalben bekannt. Am Innerberg und am Judengalgen tobt er am meisten. (8)

Ab 1525 war Hans Hermann von Hapsberg Oberamtmann von Badenweiler. Dieser Hapsberger war eigennützig und gewalttätig, während seine Frau gütig war und bei der Bevölkerung lange in guter Erinnerung blieb. Das in der Sage erwähnte Grabdenkmal wurde jedoch für Hans Hartmann von Hapsberg, ebenfalls Oberamtmann von Badenweiler, gestorben 1584, und seine Frau Clodina von Rot, gestorben 1589, errichtet.

MÜLLHEIM

HAUSGEIST AUF DER ROSENBURG

Auf den „Schloßmatten" bei Müllheim stand früher das Schlößlein Rosenburg. Reiche Schätze sollen hier vergraben sein. Auch zeigte sich dort vor mehr als hundert Jahren ein Hausgeist; den sah man oft mit einer Zipfelmütze auf dem Kopf zum obersten Fenster herausschauen. Der „Säubaschi", der Schweinehirt des Schlosses, der dem Trunk sehr ergeben war, soll einstmals hinaufgestiegen sein. Dabei entging er aber nur mit knapper Mühe dem Tod, denn der Geist warf ihn die Treppe hinab, daß er beinahe den Hals brach. (9)

MÜLLHEIM

WEINWAGEN FESTGEBANNT

Es fuhr einmal ein Fuhrmann mit einer Fuhre Wein durch Müllheim. Als er an einem Haus vorbeifahren wollte, schaute ein Mann zum Fenster heraus und lachte höhnisch. Sofort blieben die Pferde stehen und konnten den Wagen nicht weiterbringen, selbst als andere Fuhrleute zu Hilfe kamen und auf der leicht abfallenden Straße sechs Pferde davor gepannt waren. Da rief ein Knecht: „Schlöön doch die sibti Speiche us em Rad!" Als das der Mann im Fenster hörte, kam er eilig auf die Straße heraus und sagte zu den Fuhrleuten: „Das bruche ihr nit mache, es goht au so!" und sogleich rollte der Wagen von selber an. Der Mann konnte nämlich hexen und hatte den Wagen festgebannt. Hätten sie die siebte Speiche aus dem Rad geschlagen, dann hätten sie dem Mann ein Bein abgeschlagen. (10)

NIEDERWEILER

DAS SCHLANGENKRÖNLEIN

Auf einem großen Hof in Niederweiler bei Badenweiler, nahe am Klemmbach, stand einmal ein armes Mädchen im Dienst. Jeden Morgen und jeden Abend mußte es die Kühe melken, und jedesmal kam eine große Schlange in den Stall, die ein feines goldenes Krönlein auf dem Kopfe trug. Darüber freute sich das Mädchen, denn es hatte einmal gehört, daß eine solche Schlange Glück bringe, und es gab ihr jedesmal Milch zu trinken.

Das Vieh im Stall gedieh merkwürdig schön, und was das Mädchen tat, war zum Guten. Aber die Bauersleute sahen es nicht gerne, wenn das Mädchen der Schlange von ihrer Milch gab, und weil sie ihm immer mehr Arbeit aufbürdeten und ihm immer weniger Lohn zahlten, ging es wieder zu seinen Eltern zurück.

Als es zum letztenmal der Schlange das Schüsselchen füllte, sagte es traurig zu ihr: „Wer würd dir vu jetz aa dii Milch gee, schöni Schlangekünigi?“ Da legte ihr die Schlange zum Dank ihr Krönlein in die Hände. Das Mädchen bewahrte das Krönlein auf, so lange es lebte und hatte in allem Glück. Der Bauer aber hatte überall Unglück; und nachdem das Mädchen fortgegangen war, ging es zusehends mit dem Hof bergab. Schließlich kam er unter den Hammer. Die Schlange hat man nie mehr gesehen. (11)

SIRNITZ

DIE KRAFT DES WOLFSSEGENS

Als in den Waldungen der Sirnitz noch Wölfe hausten, pflegte ein Schafhirte, der dort seine Herde weidete, täglich beim Austreiben unterm freien Himmel niederzuknien und den Wolfssegen zu beten. So ließen die Wölfe nicht nur die Schafe unangefochten, sondern mischten sich sogar unter sie und taten mit ihnen ganz freundlich. Wenn der Hirte sie forthaben wollte, so durfte er nur mit seiner Peitsche knallen, und sie liefen dann ungesäumt weg und kamen am gleichen Tage nicht wieder. Für ihr gutes Verhalten mußte ihnen jedoch aus der Herde ein Opfer überlassen werden. Dazu bestimmte der Schäfer eine junge Ziege, die er mit einer Schafglocke behängte und seiner Herde zuteilte.

Als sie hübsch groß und fett geworden war, sah eines Tages ein Wolf, der neben ihr saß, sie bald mit gierigen, bald den Hirten mit bittenden Augen an. „So nimm sie denn!“ dachte dieser bei sich, und im Augenblick faßte der Wolf die Ziege, erwürgte sie, und nachdem er dreimal mit ihr im Kreis herumgesprungen war, warf er sie auf seinen Rücken und jagte dem Walde zu. Alle anderen Wölfe rannten ihm nach, und als sie im Gehölz waren, teilten sie getreulich das Opfer unter sich auf. (12)

NEUENBURG

DER NIESENDE GEIST WILL ERLÖST SEIN

Ein Fischer ging des Nachts auf Fischfang, da hörte er in der Nähe des Wassers jemand niesen. Er sagte jedesmal: „Helf Gott!" Das geschah neunundneunzigmal, das hundertste Mal aber sagte der Fischer ungeduldig: „Wenn dir Gott nicht helfen kann, so helf dir der Teufel!" Da fing der Betreffende an zu weinen und sagte, er sei eine arme Seele. Wenn der Fischer nun hundertmal „Helf Gott!" gesagt hätte, wäre er erlöst gewesen. (13)

NEUENBURG

DER GEIST EINES UNBEERDIGTEN RUFT JEDE NACHT „HOLET MICH!"

Einmal fuhren Fischer den Rhein hinunter. Da sahen sie auf einer Kiesbank einen Mann, welcher eine blaue Bluse anhatte und rief: „Holet mich!" Sie fuhren in einem Nachen hin, um ihn zu holen. Als er aber in den Nachen treten wollte, sank dieser jedesmal unter. Sie nahmen den Mann und warfen ihn aus dem Kahn. Er sagte, es solle ihm einer die Hand reichen; keiner tat es. Da streckte ihm einer ein Ruder hin, in welches er seine fünf Finger einbrannte. Am selben Ort war früher ein Leichnam gelegen, welcher nicht begraben wurde, sondern so vermoderte. (14)

NEUENBURG

DER UNGERECHTE FRUCHTHÄNDLER

Es lebte in Neuenburg vor Zeiten ein reicher Fruchthändler. Dieser kaufte die Frucht mit einem großen Sester und verkaufte sie mit einem kleinen. Wie er später in einer fremden Stadt starb, sahen ihn seine Angehörigen zu derselben Stunde am

Tische sitzen und schreiben – und von jener Zeit an waren sie im eigenen Hause nicht mehr sicher. Der Fruchthändler mußte als Geist umgehen, erdrosselte ihnen das Vieh und richtete im ganzen Haus großen Schaden an. (15)

NEUENBURG

GLÜHENDE KOHLE WIRD GOLD

Ein Mann aus Neuenburg ging des Nachts auf dem Heimweg bei der Ruine des Klosters Gutenau vorbei. Da sah er ein Feuer, das er für ein Arbeitsfeuer hielt. Er ging hin, nahm eine glühende Kohle und zündete damit seine Tabakspfeife an. Als er heimkam, fand er in der Pfeife ein Goldstück. (16)

NEUENBURG

ERSCHEINUNG DES TEUFELS BEI FALSCHEM EID

Einmal schwuren zwei Mädchen einen falschen Eid. Als die eine Hochzeit hatte, sahen die Mädchen einen Mann mit Geißenfüßen am Ofen stehen. Eine schnitt sich den Hals ab, die andere war ihr Lebtag geisteskrank. (17)

NEUENBURG

JOHANNISSEGEN VERTREIBT DEN TEUFEL

Einmal hatte sich einer mit seinem Blute dem Teufel verschrieben. Am letzten Tag vor der festgesetzten Frist ging er ganz traurig mit seinem Freund ins Wirtshaus. Der fragte ihn nach dem Grund seiner Traurigkeit und ließ sich alles erzählen, tröstete ihn aber dann und meinte: „Dafür wolle wir scho tue!“ Sie verlangten einen Liter Johanniswein. Unterdessen kam ein fremder Mann, winkte dem Unglücklichen und ging wieder. Der Freund aber nahm ein Glas Johanniswein, schüttete es dem Mann auf den Rücken und sagte dabei: „So, da hast du Johannissegen, das ist gut für dich!“ Der fremde Mann aber, der Teufel, verschwand. (18)

NEUENBURG

DAS WUNDERTÄTIGE MESSINGKREUZ

Um die Mitte des 19. Jahrhunderts herrschte in Neuenburg die Ruhrkrankheit so heftig, daß ihr in kurzer Zeit sechsunddreißig Menschenleben zum Opfer fielen. Da ließ eine fromme Frau ein etwa handgroßes Messingkreuz machen. Dieses wurde dann von einem Haus in das andere getragen und jedem aufgegeben, eine Stunde in der Kirche den Psalter zu beten. Die schreckliche Krankheit ließ daraufhin nach. Noch heute wird dieses Kreuz zum Schutz gegen ansteckende Krankheiten von einer Nachbarin der anderen weitergegeben. (19)

NEUENBURG

DER SCHWEDENGENERAL LÄSST KEINEN HUND AM LEBEN

Als im Dreißigjährigen Krieg die Schweden am Rhein waren, stachen die Neuenburger einmal eine schwedische Patrouille tot und sagten: „Wenn wir nach Schweden kommen, macht's uns auch so!“ Darüber entrüstete sich der schwedische General so, daß er einen hohen und teuren Schwur tat, daß kein Hund in Neuenburg am Leben bleiben solle. Als das die Bürger hörten, schlossen sie die Tore zu. Aber am anderen Morgen, als der Zorn des Generals gewichen war, reute ihn seine Äußerung. Er ließ

Neuenburg, Kupferstich von Matthäus Merian, 1644

den Feldprediger kommen, der ihm raten sollte, wie er ohne Blutvergießen seinen Schwur lösen könne. Brechen sei besser als halten, meinte dieser, was jedoch dem General nicht einleuchten wollte, indem er halten wollte, was er geschworen hatte. Er ließ die Tore der Stadt einhauen, ritt mit drei Fähnlein hinein und befahl, alle Hunde im Städtlein zu töten, aber die Menschen ließ er leben. So kamen an diesem Tage neunzehn große Metzgerhunde, drei Schäferhunde, vierundsechzig Pudel, acht Windspiele, zwölf Dachshunde und zwei gar feine Möpperlein jämmerlich ums Leben. (20)

NEUENBURG

DER TEUFEL BRINGT ALS HUND EINEN TOTENSCHÄDEL

In einer Nacht saßen mehrere Leute beisammen. Dabei war ein alter Mann. Auf einmal kam ein Hund in die Stube, einen Totenkopf im Maul haltend und brachte diesen dem alten Mann. Da erschraken alle. Der Mann aber sagte: „Fürchtet euch nicht, ich habe einen totgeschlagen, und das ist sein Kopf!" Der Hund aber, welcher der Teufel war, verschwand. (21)

NEUENBURG

JOHANNISSEGEN SCHÜTZT VOR DEM TEUFEL

In Neuenburg wird der Johanniswein geschätzt, er hilft gegen den Bösen. Des Nachts ging ein junger Mann über eine Brücke, da rief eine Stimme: „Dunke!“ Eine andere Stimme antwortete: „Kann ihn nit dunke, er hat Johannessege trunke.“ Er kehrte auch unangefochten über diese Brücke wieder zurück. (22)

NEUENBURG

GESPENST AN DER HEILIGKREUZKAPELLE

Bei Neuenburg lag im frühen Mittelalter ein Dörflein, Owe oder Au genannt. Nicht weit davon steht die Heiligkreuzkapelle, in welcher besonders in der Nacht vor Allerheiligen eine weiße Erscheinung gesehen wird. Das alte Steinkreuz der Kapelle wurde schon dreimal nach Neuenburg gebracht, gelangte aber jedesmal an seinen alten Ort zurück. Das Kreuzkirchlein muß den Rhein vom Land abhalten. (23)

AUGGEN

DAS HEILIGENBRÜNNLEIN

Fliehend vor ihren Verfolgern, rohen Kriegern aus dem Heere des Grafen Rudolf von Habsburg, durch welches das Kloster Sitzenkirch im Jahre 1272 eingeäschert wurde, hatte eine Nonne die Felder von Auggen bereits erreicht, als sie vor Erschöpfung zur Erde sank. Inbrünstig flehte sie zur heiligen Jungfrau, sie nicht der Schande und dem Elend preiszugeben,
ihr zu senden, sie zu wahren, ihrer Engel treue Scharen.

Da öffnete sich neben ihr die Erde, und eine kristallklare Quelle sprudelte daraus hervor. Die fromme Jungfrau trank von dem Wunderwasser, fühlte sich wieder von neuem Leben durchdrungen, und alle Müdigkeit war verschwunden. Nach einem kurzen, heißen Dankgebet setzte sie rasch ihre Flucht fort und fand jenseits des Rheines ein sicheres und stilles Asyl. Noch rieselt jene Quelle und führt zu Ehren der heiligen Jungfrau noch heute den Namen Heiligenbrünnlein. (24)

AUGGEN

SEE IM STEINACKER

Das Gewann „Steinacker" in der Auggener Gemarkung birgt in seiner Tiefe einen gewaltigen See, der einst das Dorf in den Rhein tragen wird. (25)

AUGGEN

DER SCHLÖSSLEGARTEN

Vor langer Zeit hauste im Schlößle zu Auggen ein Ritter mit einer schönen Tochter. Viele Freier warben um diese, aber sie wies alle ab, und ihr Vater wurde dadurch sehr erzürnt. Sie aber liebte einen jungen Pagen ihres Vaters von schönem Wuchs und zartem Gemüt. Als der Ritter die Kosenden in einer Mainacht überraschte, übermannte ihn die Wut, und mit seinem Schwert tötete er den Geliebten. Seine Tochter grämte sich lange über dessen Tode und starb bald danach selbst vor Kummer und Gram. Noch heute sieht man beim Schein des Mondes die Seelen der Liebenden in Gestalt von zwei glänzenden Flämmchen über die Wiese huschen, und wenn sie sich einem Liebespaare zeigen, bedeutet dies Glück.

Im nahen Hach, wo früher eine Kirche stand, sah man bei Nacht Lichtschimmer und hörte singende Stimmen. (26)

DER WILDBAUM

Es stand einmal droben auf dem „Rüttifeld“ bei Feldberg im weiten, guten Ackerland ganz allein ein großer wilder Birnenbaum mit mächtigem, knorrigem Geäst. Der trug jedes Jahr eine schwere Last Birnen, die so süß waren, daß man daraus einen feinen Birnenwein machen konnte. Keine Birnen waren so gut wie die vom Wildbaum. Darin war er einzig in seiner Art, wie auch in seiner Größe. Das wußten alle, der Bauer, seine Frau und die Kinder, Knechte und Mägde und alle im Dorf. Keiner dachte daran, daß es einmal anders werden könnte.

In der Nacht wurde der Baum gemieden, denn es wohnten Waldgeister darin, die sich dort wohlfühlten. Es waren gute Geister, nur wenn man sie erzürnte, zahlten sie es heim. So ritt einmal ein Mann von Mauchen auf seinem Esel spät in der Nacht anstatt nach Mauchen am Wildbaum vorbei. Er hatte vielleicht in Müllheim ein Viertel Reggenhager zuviel getrunken, denn er rief unter dem Wildbaum: „Zeige euch doch, schöni Hulde!“ Weil sie sich nicht zeigten, schimpfte und fluchte er. Aber als er den Heimweg suchte, konnte er ihn nicht finden. Er mochte reiten, so schnell er wollte, immer wieder kam er beim Wildbaum an, und es war ihm, als höre er die Waldfrauen darin lachen. Erst gegen Morgen entließen sie ihn nach Haus.

Der Bauer, dem der Acker gehörte, wußte schon von seinem Großvater, wie man den guten Waldfrauen, die man nur ganz selten sah, eine Freude machen konnte. Nie vergaß er, vor der Ernte mit seinen Leuten die Kappe abzunehmen und ein Vaterunser zu beten. Danach verbeugten sie sich stets auch vor den guten Geistern im Baum. In der Heiligen Nacht warf der Bauer eine Handvoll Körner in die Luft über den Acker. Das gefiel den Waldgeistern, aber dem Teufel gefiel das nicht. Und er grübelte, wie er wohl das gute Verhältnis stören könnte. Eines Tages beschloß der Teufel, selbst zum Bauern zu gehen. Er hatte einen langen Mantel an wie ein Händler und trug einen großen Hut auf dem Kopf. Er tat so, als wolle er ein Stück Vieh einhandeln und sagte ganz nebenbei zum Bauern: „Hau dii Wildbaum um, suscht schlöön dir d Hulde noh die ganzi Ern in der Bode!“ In diesem Augenblick sah der Bauer des Teufels Roßhuf unter dem langen Mantel hervorschauen und gab ihm zornig zur Antwort: „Gang numme du schnell ab miim Hof, du stinkige Gott-sei-bei-uns!“ Als der Teufel den Namen Gottes hörte, da fuhr er mit so schwefligem Gestank davon, daß es nachher noch lange auf dem Hof nach Schwefel stank.

Jetzt versuchte der Teufel sein böses Spiel unter dem Wildbaum, und die guten Geister hatten alle Mühe, ihn zu bändigen. Da wurde er wütend und predigte auf dem Blauen von der „Teufels Chanzle“, die heute noch so heißt, den Hexen und bösen Geistern, daß sie den Wildbaum verderben sollten. Aber niemand gab sich dazu her.

Im Jahre 1847, als der Bauer beim Wildbaum beim Ernten war, stand die Frucht wohl schön, aber es wollte keine rechte Freude daran in ihm aufkommen. Er ahnte, daß etwas Böses in der Luft lag, konnte sich aber nicht erklären, was es sein könnte. Er hatte in den letzten Nächten schlecht geträumt. Und noch etwas gab ihm zu denken. Am Abend zuvor war er bei einbrechender Nacht von Müllheim her heimwärts gegangen. Rüstig war er dem Wald zu bergauf geschritten, als plötzlich eine schöne Frau neben ihm erschien. Er betrachtete sie unauffällig von der Seite, und sie mutete ihn etwas merkwürdig an. Sie begann dies und das zu erzählen, und schließlich freute er sich über die Unterhaltung auf dem langen Weg. Als sie aber auf der Höhe, auf dem Rappenholenbuck ankamen, sagte sie, jetzt müsse sie einen anderen Weg gehen, zum Wildbaum. Erschrocken wollte er sie davon abhalten und warnte sie: „Göhn nit der Weg am Wildbaum verbei! Dört schloofe gueti Geischter drin! Si chönnte s euch zürne, wenn ihr s ufwecke! Euri Begleitig ließ i mer gern noh gfalle bis ins Dorf!“ Und er war ganz eingenommen von der feinen und gescheiten Frau. „Villiicht bin ich selber eini vu de guete Geischter us em Wildbaum!“ lachte sie so seltsam, daß der Bauer stutzte und wissen wollte, wie sie das meine. Sie ging aber schnell weiter und rief nur noch über die Schulter zurück: „Hüet di vor em Wildbaum!“, und war auf einmal verschwunden. Lange dachte der Bauer über die Worte der schönen, seltsamen Frau nach. Der Birnbaum trug doch jedes Jahr eine Last Birnen, so lange er denken konnte. Warum sollte er sich davor hüten?

Am Tag darauf war also der Bauer mit seinen Leuten am Wildbaum beim Ernten. Es war sehr heiß, und die Sonne stach unerbittlich. Die Luft lag wie Blei über dem Feld. Kein Blättlein am Baum regte sich. In der Nähe waren auch andere Leute beim Ernten. Sie schnitten die Frucht mit den Sicheln, banden und luden sie auf, und schon mancher Wagen Frucht war heimgefahren worden. Auf einmal wurde es finster, und ein schweres Gewitter stand wie hingeblasen über dem Rüttifeld. Es blitzte und donnerte Schlag auf Schlag. Die Leute ließen alles stehen und liegen und suchten unter dem Wildbaum Schutz. Es schien, als sei die Hölle los. Die Frauen beteten laut vor Angst und Schrecken. Da dachte der Bauer plötzlich an die schöne Frau und hörte sie warnen: „Hüet di vor em Wildbaum!" Da rief er: „Alles in den Wald!" und rannte voraus in den nahen Wald, und alle, etwa fünfundzwanzig Leute, liefen ihm nach. Jetzt fing es an zu hageln. Steine wie kleine Eier, welche die Ernte, die noch draußen war, kurz und klein in den Boden schlugen. Noch waren die letzten Leute nicht ganz im Wald, da fuhr ein gewaltiger Blitz herab, gerade in den Wildbaum. Er krachte schrecklich, und die größten Äste des Wildbaums flogen zersplittert wie Federlein über hundert Meter weit durch die Luft. Das hatten die Wetterhexen angerichtet, die immer wieder vom Teufel aufgehetzt worden waren.

Den guten Geistern vom Wildbaum war es zu danken, daß die Leute mit dem Schrecken davongekommen waren. Der Bauer aber behielt sein Geheimnis für sich und stiftete Geld für diejenigen, die ihre ganze Ernte verloren hatten. Nur mit viel Mühe konnte man die Äcker wieder in Stand setzten, und die Stelle, wo der wilde Birnenbaum gestanden hatte, nennt man heute noch „am Wildbaum". Die guten Waldfrauen hat man seither nicht mehr gesehen. (27)

FELDBERG

TANZ AUF DER HEXMATT

Es lebten einmal in Feldberg ein Mann und eine Frau glücklich und zufrieden miteinander, bis der Mann plötzlich merkte, daß die Frau allerlei seltsames Wesen trieb. Er mußte einmal gegen Abend nach Sehringen und trat erst um Mitternacht den

Heimweg an. Da geriet er auf einer großen Waldwiese unterhalb der Grüneck in ein wunderliches Treiben. Auf dieser Wiese tanzten Männlein und Weiblein so, wie sie der liebe Gott erschaffen hatte, und diejenigen, die keine Tänzer hatten, tanzten mit einem Besen. Der Mann verwunderte sich sehr und versuchte, ungesehen vorbei zu kommen. Einige der Leutchen kamen ihm bekannt vor, und darum sah er noch ein paarmal zurück. Da hatten ihn auch schon ein paar Tänzerinnen entdeckt, umringten ihn und führten ihn mit zum Tanz. Besonders eine davon wollte immer nur mit ihm tanzen. Diese steckte ihm einen glänzenden Becher in die Rocktasche zum Andenken. Erst gegen Morgen entkam er der munteren Gesellschaft. Je näher er dem Dorfe kam, um so schwerer wurde der Becher. Er zog ihn aus der Tasche, und da hatte er einen fürchterlich stinkenden Roßhuf in der Hand. „Magsch stinke wie de witt, mit heim muesch doch!" sagte er.

Zu Hause, als er ihn wieder herausnahm, war es der Becher seiner eigenen Frau, aus dem sie immer getrunken hatte. Da kam ihm der Verdacht, daß es seine eigene Frau gewesen sein könnte, mit der er getanzt hatte. Doch als er in die Schlafkammer trat, lag sie in ihrem Bett und schlief. Er wollte sie anfassen, da war sie aber verschwunden, und nur ein paar Hälmlein Stroh fielen zu Boden. Am Morgen, als er aufwachte, lag seine Frau neben ihm und schlief, und er wußte nicht, ob er das alles nicht nur geträumt hatte. Zufällig beobachtete er bald darauf abends seine Frau, wie sie in der Küche stand, etwas über ein Stecklein strich und sagte: „Obe uuse un niene hi!" und da fuhr sie auch schon auf einem Besen zum Kamin hinaus. Nun wußte er, was er sich schon seit jenem Abend gedacht hatte, daß seine Frau eine Hexe war. Er war aber neugierig und wollte wissen, wohin sie gefahren war. Deshalb nahm er ein Stecklein, strich etwas darüber und sagte: „Obe uuse und überall hi!" Da saß er auch schon auf einem Besen und fuhr durch den Kamin hinaus hoch in die Luft. Weil er aber gesagt hatte „überall hin", wurde er vom Sturmwind so herumgebeutelt, daß er zerrissen und ganz zerschlagen auf der Hexenmatte ankam. Da fand er auch seine Frau und mußte mittanzen bis gegen Morgen.

Daheim schlug er sie heftig mit grünen Haselgerten und schickte nach dem Hexenbanner. Der kam, bohrte ein Loch in die steinerne Hausschwelle, goß Baumöl hinein und sprach einen Bann darüber, damit keine Hexe mehr über die Schwelle konnte. Dann befahl er der Frau, sich nicht mehr mit der Hexerei abzugeben um ihrer Seele Seligkeit willen. Die Frau versprach es und hielt es auch, und die bösen Kräfte hatten keinen Einfluß mehr auf sie, und sie lebten glücklich und zufrieden bis an ihr Ende.

Die Wiese, auf welcher die Hexen tanzten, nennt man heute noch Hexmatt. (28)

FELDBERG

GEIST IN IMMENKORB GEBANNT

Der reichste Bauer des Dorfes wurde ein großer Geizhals, der die Armen übervorteilte, niemand etwas gab und das Gesinde schindete. Wenn er jemand Geld lieh, und dieser konnte nicht pünktlich bezahlen, ließ er dessen ganzes Hab und Gut wegnehmen und trieb die armen Leute in bitterste Not. Das alles kümmerte den Geizhals wenig. Der Hartherzige freute sich, wenn seine Gulden sich mehrten.

Zwar konnte er von alledem nichts mitnehmen, als er starb. Doch der Geiz und sein böses Gewissen ließen ihm auch nach seinem Tode keine Ruhe. Er mußte noch lange als Geist in verschiedener Gestalt umgehen. Als großer Vogel saß er auf seinem Grabstein. Um Mitternacht stand er halb Mensch, halb Hund mitten auf dem Weg, der an einer seiner Wiesen vorbeiführte. Wollten Leute nach Hause gehen, spürten sie seinen eiskalten Atem, und mit seinen feurigen Augen bannte er sie auf die Stelle. Kein Stock, kein Säbel und keine Kugel konnten dem Unheimlichen schaden, und erst wenn der Geist von selber in den Matten verschwand, konnten sie weitergehen. Am schlimmsten trieb er es auf seinem Hof, wo man ihn noch befehlen und reden und vom Keller bis unter das Dach seufzen, heulen und poltern hörte. Wenn er mit „hui“ durch das Haus fuhr und die Frau, die darin wohnte, zur Stubentüre hinausrief: „Bisch nit bal ruehig, du alte Strolch!“, da blieb er eine Weile ruhig, um dann um so lauter durch die Gänge zu hürnen.

Weil sich alle Leute im Haus vor dem unruhigen Geist fürchteten, ließen sie einen Kapuziner von Freiburg kommen. Der rief laut seine Bannsprüche durch das Haus, und darauf ging er mit einem

Ausschnitt aus „Das gottlose und verfluchte Zauberfest", Kupferstich von Matthäus Merian d. Ae., 1626

Talglicht und einigen Männern auf jene Felder, wo sich der Geist am liebsten aufhielt. Dabei mußten ihm zwei Männer einen aus Stroh geflochtenen Immenkorb nachtragen. Während der Mönch vor sich hinmurmelte und den Geist beschwor, waren sie auf dem Pfilbbuck angekommen. Dort sprang der Immenkorb den beiden Männern plötzlich aus den Händen, rollte allein zum Dorf hinab und blieb mitten im großen Hof stehen. Da lachte der Mönch: „So, Bürschli, ha-n-i-di?!" und verschloß den Korb und sperrte ihn in ein Zimmer ein, und lange getraute sich niemand hinein. Der Mönch bekam gutes Essen und Trinken und ein Säcklein Geld. Von da an hörte man von dem unruhigen Geist nichts mehr. (29)

FELDBERG

DER WILDE JÄGER HAPSBERG

In Feldberg bei Müllheim wird der Hapsberger öfters des Nachts gesehen, wie er ohne Kopf auf einem Schimmel gegen das Dorf reitet. Dabei ruft er: „Hudala he, da, da, meine Hunde!“ Wenn er im Frühjahr an den Weinbergen vorbeireitet, erfrieren die Reben. (30)

FELDBERG

SCHLOSSJUNGFER BLÄST LATERNE AUS

Auf dem Riedbuck bei Feldberg soll in uralten Zeiten ein Schlößlein gestanden sein. Am Fuße des Hügels lief das Riedbrünnlein noch in unserer Zeit. Daran konnte man manchmal am frühen Morgen eine weiße Schloßjungfer sich waschen und strählen sehen. An ihrem Rockbund trug sie stets einen Ring mit vielen Schlüsseln. Fuhren in der Nacht Fuhrleute am Riedbrünnlein vorbei, blies ihnen die Schloßjungfer oftsmals die Laternen am Wagen aus. (31)

FELDBERG

DAS KIRCHSTEIGMÄNNLEIN

In früheren Zeiten führte ein steiler Weg von Feldberg bei Müllheim den Kirchsteig hinauf nach dem Nachbardorf, der auch Fahrweg nach Basel war. Einmal fuhr ein Fuhrmann mit einem schwerbeladenen Weinwagen, vor den er sechs Rosse gespannt hatte, den Kirchsteig hinauf und wollte Basel zu. Doch der Weg war so vom Regen aufgeweicht und so steinig, daß der Wagen steckenblieb und eher rückwärts gerollt wäre. Der Fuhrmann begann schrecklich zu fluchen und schlug dabei mit der Geißel auf die Pferde ein, und trotzdem ging es nicht weiter. Er suchte nach einem großen Stein, um ihn hinter ein Hinterrad zu legen, fand aber keinen. Da riß er einen großen Laib Brot, den er auf den Weg mitgenommen hatte, aus dem Zwerchsack und legte ihn unter ein Rad. Doch das Brot wurde in den Boden gedrückt und verdorben. In seinem Zorn verwünschte er Rosse und Wagen und rief laut: „Wenn nume d Roß mitsamt em Wage uf der Stell versufe täte! Hüh!" Das „hüh" war das letzte, was man von dem Fuhrmann hörte, denn kaum hatte er das gesagt, versanken Rosse und Wagen im Boden, und auch den Fuhrmann nahm es mit hinein. Seitdem wird die Stelle, an der Fuhrmann, Rosse und Wagen versunken sind, auch im heißesten Sommer nie ganz trocken. Wenn das Wasser aber wie eine Quelle dort zum Berge herausläuft, sagen die Leute: „Der Wii lauft us!"

Weil der Fuhrmann so geflucht, seine Rosse geschlagen und das Brot verdorben hatte, fand er noch lange keine Ruhe im Berg. Zur Winterszeit und bei Sturm und Wetter hörte man das Chilstigmännli oft am Chilstig mit der Geißel knallen und „hüh" rufen. Bisweilen klopfte er auch mit der Geißel an die Haustüren im Unterdorf. Aber niemand hat es je gesehen und keinem hat er je etwas zu Leid getan. (32)

FELDBERG

DER DORFZOZZEL

Einst ging in Feldberg vor Weihnachten der Dorfzozzel um. Das war ein schwarzes, wolfsähnliches Tier, so groß wie ein Kalb. Es hatte eine feurige Zunge und rote Augen, und es stellte sich mitten im Dorf solchen Leuten entgegen, die unrechte Wege gingen, oder auch den Reichen, die gegen die Armen unbarmherzig waren. Lärmende Kinder konnte der Dorfzozzel nicht leiden und trieb sie heim, wenn sie bei einbrechender Nacht im Dorf lärmten und lachten. Darum mahnte der Großvater uns Kinder, wenn er in dieser Zeit in der Dunkelheit mit uns heimging und wir laut waren: „Sin still, Chinder, suscht chunnt der Dorfzozzel!" (33)

FELDBERG

WEISSE JUNGFERN

Ein Mann von Müllheim ging einmal um Mitternacht heimwärts den Rappenhohlweg hinab. Da sah er keine hundert Meter entfernt eine kleine Schar weißgekleideter Jungfern beim Riedbrünnlein stehen, die sich lebhaft unterhielten. Der Hund des Mannes lief aufgeregt bellend auf die Frauen zu, rannte aber plötzlich mit eingezogenem Schwanze davon. Als die Frauen lautlos verschwanden und der Mann gut nach Feldberg gekommen war, fand er dort auch seinen Hund wieder. (34)

FELDBERG

DIE ALTE HEXE

Eine alte Frau mit durchdringenden blauen Augen war gescheiter als manche andere und wurde deshalb als Hexe verschrien. Sie kannte viele Heilkräuter, bereitete daraus Tee und Salben und konnte Krankheiten bei Mensch und Tier besprechen. Das hatte sie von den Alten gelernt. Noch lange erzählten die Leute von der Frau. Einmal lag ein ungetauftes Mädchen vor dem Hause im Kinderwagen. Da kam die Frau vorbei, sah mit ihren hellen Augen das Kind lange an und sagte: „Das isch aber e schön Maideli!“ Das Mädchen starb bald darauf, weil es die Alte verhext hatte.

Einmal strich sie auf dem Weg einem Paar fetter Ochsen über ihre Rücken und sagte: „Das sin aber schöni Ochse!“ und sie magerten daraufhin so ab, daß der Bauer sie notschlachten lassen mußte.

Einmal schenkte sie einer jungen Frau weiße Strümpfe. Am Wadenstück des linken Strumpfes waren aber kaum sichtbar drei rote Kreuzlein eingestickt. Die junge Frau wußte gleich, daß das kein guter Zauber war, schnitt den Teil mit den Kreuzlein ab und warf ihn ins Feuer. Das war gut, denn gleich darauf brach die Alte an der Stelle, an der die Kreuzlein waren, ihr linkes Bein. Was sie der jungen Frau zugedacht hatte, war auf sie selber zurückgefallen.

Bald darauf schenkte sie der jungen Frau gute Leinenhemden. Da merkte sie, daß die Alte wieder etwas mit ihr vorhatte, nahm die Hemden mit einem Stecken, nicht etwa mit der bloßen Hand, und kochte sie in einer starken Lauge. So konnten sie ihr nicht mehr schaden. Dann hing sie die Hemden an einem versteckten Platz hinter dem Haus auf, damit sie trockneten. Kurz darauf kam die Alte und sagte zu ihr: „Gell, Anneli, du hesch e Wösch gha?" Wie konnte das die Alte wissen? Aber daraufhin mußte sie mit einer heftigen Krankheit ins Bett liegen und kam nur langsam wieder auf die Füße. Auch das hatte sie der jungen Frau zugedacht.

Einem Manne legte sich die Alte in mancher Nacht als Katze so schwer auf die Brust, daß er kaum mehr atmen konnte. Als sie wieder kommen wollte, packte er die Katze und schlug sie um die Bettpfosten. Am andern Tag kam die Alte zu den Nachbarn und hatte den Kopf verbunden. Sie sei gefallen, sagte sie, als man sie deswegen fragte. Aber die Striemen waren durch die empfangenen Schläge gekommen. (35)

FELDBERG

VERGEBLICHE SCHATZSUCHE

Vor vielen hundert Jahren hatten während eines Krieges die Klosterfrauen in Rintel bei Feldberg alles Geld und alle Wertsachen im Klostergarten vergraben. Aber niemand konnte später die Stelle wieder finden. Als das Klösterlein schon lange verfallen war, legten ein paar Männer von hier und von auswärts so viel Geld zusammen, daß sie einen Mönch von Freiburg bezahlen und mit einem Roß abholen lassen konnten. Sie hatten erfahren, daß es dem Mönch ein Leichtes sei, einen Schatz zu heben. In einer Vollmondnacht im Dezember kamen die Männer mit dem Mönch in einem Haus in Rintel zusammen. Drei verläßliche Männer durften um Mitternacht den Mönch in den Klostergarten begleiten, aber dabei kein Wörtchen reden. Mit einem Licht suchte der Mönch den Garten ab und murmelte dazu Zaubersprüche. An dem von ihm bezeichneten Platz fingen die Männer eifrig an zu graben und glaubten schon, dem Schatz nahe gekommen zu sein.

Einer der Männer schaute kurz auf, und da sah er von weitem eine Gestalt auf sie zukommen und gab den andern ein Zeichen. Nun bekamen es alle drei mit der Angst zu tun, denn weil sie sich auf die Zauberei eingelassen hatten, glaubte jeder, nun käme der Böse selber und wolle sie mitsamt dem Schatz holen. Doch als der vermeintliche Teufel näher kam, sahen sie, daß es nur einer der eigenen Leute war, und einer rief erleichtert aus: „He, es isch jo nume einer vu unsere!“ Und da war es mit dem Schatzsuchen aus und alles umsonst gewesen. Die Männer hatten mehr Geld verloren als manchem gut war, und dazu noch fünf Maß Wein. Der Schatz liegt heute noch dort. (36)

GENNENBACH

DIE WEISSE NONNE

Im Weiler Gennenbach stand einst ein Kloster, das beim Basler Erdbeben im Jahre 1356 mitsamt seiner Kapelle einstürzte. Später erschien noch lange eine weißgekleidete Nonne in hellen Nächten in den zerfallenen Mauern, die manchmal auch um das Kloster herumging. (37)

GENNENBACH

DER DICKE MANN

In einem Haus in Gennenbach bei Feldberg wohnte vor vielen hundert Jahren eine arme Familie, welche Jelchert hieß. Wenn ein Fremder in das Haus kam, strich diesem ein Hund um die Beine, der den Jelcherts nicht gehörte, die aber den Hund nicht loswerden konnten. Da kam einmal in einer Nacht ein kurzer, dicker Mann mit wunden Füßen und bat den Jelchert um Nachtquartier. Sogleich war auch der Hund wieder da, strich dem Fremden um die Füße, und der Mann klagte dem Fremden seine Not. Dieser sagte, er wolle ihm wohl helfen und den bösen Geist, der in dem Hund stecke, vertreiben. Er müsse aber drei Tage und drei Nächte allein im Haus bleiben, man möge ihm nur Essen und Trinken geben. So zog die Familie zu Nachbarn, und der Geisterbanner suchte den Geist zunächst im Weinfaß, wie sie nachher feststellen konnten. Er sehe den Geist wohl, habe aber keine Macht über ihn, sagte der dicke Mann nach der zweiten Nacht. In der dritten Nacht ging ein beherzter Bursche mit einigen andern vor das Geisterhaus, um zu hören, was in dem Haus vorging. Da hörten sie zwischen elf Uhr und zwei Uhr drinnen laut lateinisch reden und alle Heiligen, vor allem den Heiligen Antonius anrufen. Schließlich schlug der Bursche mit einer Gerte an den geschlossenen Fensterladen und rief: „Hinaus, ihr bösen Geister, Gott ist Meister! Alle guten Geister loben den Herrn!“ Darauf wurde es still im Haus, und als sie nachsahen, war der kurze, dicke Mann und auch der Hund verschwunden, und man sah und hörte nichts mehr von ihnen. (38)

GRÜNECK

DIE SCHLOSSJUNGFER UND DIE WEISSE HIRSCHKUH

Auf der Grüneck, über der Straße von Badenweiler nach Kandern, stand vor tausend Jahren eine kleine Burg, das alte Schloß genannt. Droben lebte der Ritter von Grineck oder Grüneck mit seiner einzigen Tochter und einigen Knechten und Mägden. Das Schloßfräulein war sehr schön und zu Menschen und Tieren freundlich. Doch der Ritter, dem das Land gehörte, war hartherzig und streng mit seinen Untergebenen, wenn er auch seiner Tochter jeden Wunsch erfüllte, selbst wenn es um das harte Los seiner Leute ging. Einmal brachte er ihr eine goldene Kette mit heim, ein andermal schenkte er ihr eine junge schneeweiße Hirschkuh. Bald folgte das Tier dem Schloßfräulein überall hin, und damit sie jedermann erkennen konnte, legte das Mädchen der Hirschkuh ihre goldene Kette um den Hals.

Unterhalb der Burg fließt heute noch das Hagbrünnlein, und bei diesem lag der Burggarten, in dem allerlei heilsame und würzige Pflanzen wuchsen. Am Brünnlein wusch sich jeden Tag das Burgfräulein und kämmte ihre hellen Haare, und die Hirschkuh trug das Fräulein von der Burg herab und wieder hinauf. Eines Tages ließ sich die Hirschkuh lange nicht dazu bewegen, das Schloßfräulein zur Burg zu tragen. Erst als es dem Abend zuging, ließ sich das Tier nieder und trug das Mädchen langsam den Berg hinauf. Doch auf der Burg sah es schrecklich aus, denn alles war verwüstet, daß es dem Schloßfräulein grauste. Als auf ihr Rufen keine Antwort kam, suchte sie entsetzt die Burg bis zur obersten Turmkammer ab, wo sie ihren Vater und einen Knecht erschlagen auffand. Die Schloßjungfer klagte und weinte und wünschte auch sich den Tod.

Während sie sich am Brunnen aufgehalten hatte, bekam der Ritter davon Kunde, daß ein Feind auf dem Weg zur Burg sei und sie überfallen wolle. Da ließ er in aller Eile das Wertvollste auf einen Wagen packen und vier schwarze Stiere davor spannen, die so ungestüm davonrasten, daß die Fahrer bergauf bremsen, bergab frei laufen lassen mußten, damit sie schneller wieder bergauf kamen. Die Treiber knallten mit den Peitschen und riefen: „Hoi! Hüst und hott!“, daß es weithin widerhallte. Für den Ritter und seinen Knecht war es zur Flucht zu spät, und als die Feinde nichts von Wert fanden, zerstörten und verwüsteten sie, was noch da war und töteten zuletzt den Ritter, der mit dem Knecht bis zur Turmkammer um sein Leben gekämpft hatte.

Das Schloßfräulein lief vor die Burg, setzte sich auf die wartende Hirschkuh und sagte traurig: „Trag mi furt, nume furt, wuhi de witt!“ und die Hirschkuh trug sie zu einer tiefen Felsspalte im dichten Gebüsch. Von dem Burgschatz, den Stieren und Treibern hat man nie mehr etwas gesehen. Eine alte Frau erzählte zwar, den Schatz habe ein Mann von Müllheim namens Heidenreich gefunden. Darum sei er auch so reich gewesen. Doch noch oft war in der Luft das Weinen und Klagen der Schloßjungfer, das harte Peitschenknallen und das Geschrei der Treiber zu hören. Und alle hundert Jahre haben Sonntagskinder gesehen, wie die Hirschkuh mit der goldenen Kette die Schloßjungfer im langen weißen Kleid zum Hagbrünnlein herabgetragen hat. Oder sie sahen, „wie sich die Jumpfere vum alte Schloß am Hagbrünnli gwäsche un ihri goldige Hoor gstrählt het.“ Wenn aber Menschen in die Nähe kamen, sind Jungfer und Hirschkuh geflohen, und keine Spur hat je zur Felsenspalte geführt. Beide schlafen dort noch heute. Vom alten Schloß sind nur noch einige Mauerreste übrig geblieben. (39)

Hexe fährt zum Rauchfang hinaus, Holzschnitt des 16. Jh.

GRÜNECK

DREI HEXEN

Unterhalb der Grüneck liegt das Gewann Hexmatt. Dort ritt einmal ein Mann zu später Nachtstunde Kandern zu, und weil es bergauf ging, stieg er vom Roß und führte es gemächlich am Zügel. Da machte das Roß auf einmal einen solchen Seitensprung, daß der Mann beinahe die Zügel verloren hätte. Als er sich umsah, bemerkte er in der Lipburger Hexmatt drei Gestalten, die auf der Wiese einen gemessenen Tanz aufführten. Sofort wußte der Mann, daß es Hexen waren, denn der Stabhalter von Lipburg und der Waidgeselle von Sehringen hatten sie in bestimmten

Nächten auch schon dort tanzen sehen, und ein alter Holzfuhrmann wußte, daß sie rote Augen hatten und Rotwein tranken. Daß selbst sein Roß beim Anblick der Hexen so erschrocken war, stärkte den Verdacht des Reiters, auch wenn er nicht hätte an Hexen glauben wollen. (40)

OBEREGGENEN

DER HAUSGEIST RÜDI

Das Pfarrhaus zu Obereggenen steht seit gut hundertfünfzig Jahren. Das alte stand nicht auf diesem Platz, sondern in dem Garten, den man jetzt den Rüdigarten nennt. Der Pfarrer, der im alten Hause wohnte, hatte viele Jahre keine Ruhe vor einem Hausgeist. Der trieb darin auf allerlei Weise sein Wesen, so daß sich der Pfarrer oftmals bei dem Abt von St. Blasien, dem die Pfarrei zustand, beklagte und eine andere Wohnung haben wollte. Der Abt aber gab ihm kein Gehör, und so baute sich der Pfarrer ein eigenes Haus, um den Geist loszuwerden. Das half auch, denn der Geist zog nicht in das neue Haus ein. Als der Pfarrer tot war, kaufte der Abt das neue Haus, ließ das alte abreißen und aus dem Platz einen Garten machen, den man nach dem Geist Rüdigarten hieß.

Die Leute nannten nämlich den Geist Rüdi (Rudolf). Es war ein Kapuziner, der die Hausleute neckte und sich in allerlei Gestalten verwandeln konnte. Oft erschien er als Knecht, und wenn er eine Arbeit verrichtete, so war sie immer sehr gut getan. Die Dienstboten wußten, daß besonders zur Erntezeit Rüdi ihnen allzeit behilflich war. Wenn sie die Frucht in die Scheuer brachten, nahm er ihnen die Garben ab. Er trug Holz und Wasser, und man hätte sich nicht über ihn beklagt, wenn er nicht durch seine vielfache Neckerei die Leute erschreckt hätte. Wenn zuweilen die Pfarrer aus der Nachbarschaft ihren Amtsbruder in Obereggenen besuchten, so sahen sie ihn zum Taubenschlag herausschauen und fanden ihn zugleich leibhaftig im Hofe stehen. Rüdi war in den Taubenschlag gekrochen und hatte des Pfarrers Gestalt angenommen. Wenn das Gesinde beim Abendessen saß, so fing Rüdi manchmal an, das Kind zu wiegen, stürzte auch zuweilen nachts die Wiege um, ohne dem

Kinde zu schaden. Da, wo über dem Ofen ein Zugloch in das obere Zimmer war, machte der Geist oft ein Geräusch wie das Wirbeln einer Trommel, warf auch Nüsse, Erbsen oder Bohnen herab, so daß die Leute am Boden ausglitten. Holte man Wein im Keller, so klopfte Rüdi hinten am Fasse, solange noch etwas darin war.

Es kam einmal ein naher Vetter von der Universität zum Pfarrer, der auch von dem Hausgeist hörte. Der Pfarrer sagte ihm, daß Rüdi niemand etwas zuleid tue, wenn man ihn ruhig gehen lasse. Das machte dem Studenten Mut, er nahm seinen Degen und wollte den Geist sogleich im Keller aufsuchen. Der Knecht ging mit ihm und blieb mit dem Licht an der Kellertüre stehen. Der Student ging die Stiege halb hinab und rief trotzig dem Teufel, er solle kommen. Da kam Rüdi und schlug ihn mit flacher Hand so arg auf die Backen, daß er sein Licht und seinen Degen fallen ließ und wie tot hinfiel. Der Knecht hob ihn auf und brachte ihn wieder ins Zimmer, wo er zu sich kam. Doch war ihm kein Glied verletzt.

Wenn winters das Gesinde am Abend bei der Arbeit um den Ofen saß und das Haus fest geschlossen war, so hörten sie doch jemand das Feuer schüren; das konnte niemand anders als der Rüdi sein. Als der Pfarrer das neue Haus bezog, wollte niemand in dem alten wohnen, denn der Geist war durch nichts hinauszutreiben. Bei dem Auszug ging die Frau Pfarrer zum letztenmal mit Knecht und Magd in das alte Haus, um den Rest herüberzubringen. Wie nun das Haus leergemacht war und die Frau und ihre Dienstboten zur Türe hinausgehen wollten, hing Rüdi in seiner Kapuzinerkutte mitten in der Türe aufgeknüpft, wie an einem Galgen, und die Frau Pfarrer mußte sich mühsam neben ihm vorbeidrängen. (41)

OBEREGGENEN

DER FRANZOSENACKER

Ein Acker in Obereggenen hieß früher allgemein der Franzosenacker. Es sollen seinerzeit zwei Franzosen darin verscharrt worden sein. Im Oktober 1796 fand dort ein größeres Gefecht statt. Kanonen- und Flintenkugeln wurden gelegentlich noch während der letzten Jahrzehnte in den Hecken gefunden. (42)

NIEDEREGGENEN

DIE KANONETÄLER

De Lüt vu dem Dörfli Niedereggenen bi Müllheim sait me hüte noh „Kanonetäler". In der Revolution vu anne 1848/49 hets zwüsche de Regierigstruppe un de Freischärler do un dört in der Gegnig e Schießerei gee, wie uf der Scheideck, z Riedlige un z Staufe. Wus im Summer 1849 wider neui Unrueihe gee het, sin dur mänki Gwalttätigkeite vu den Freischärler die meischte Niedereggener uf d Site vu de „Aristokrate", de Regierigstreue gstande. Im herrschaftliche Iisewerk bi Badewiler sin Kanone un Chugele gosse worde, drum hän d Niedereggener au es Kanone ha wölle für alli Fäll. Aber sovil Geld hän sie nit gha, aß si e Kanone hätte chaufe chönne, wil d Freischärler scho alles gholt gha hän. Dorum hän si's au mi ere Kanone vertribe wölle, un si hän überleit, wie si am billigste zue einer chu chönne.

D Burgerwehr het vum Dorfschmied Iisering um e hölze Brunnerohr lege loo. Das hän si uf e Hinterwage ufmontiert. Aß si zuem Usprobiere hän chönne Blei spare, drum hän si ihre „Kanone" mit Erbse glade un zimli vil Pulver druftoo. Mi eme dicke rote Wiberunterrock hän sie zletzt d Röhre fest zuegschoppt. Jetz hän si d Lunte azunde un hän sich scho gfreut druf, wie jetz ihri Kanone gli Für speue würd. Das isch au gar nit lang gange, un mit eme gwaltige Chnall isch ihri schöni Kanone mitsamt de Unterrockfetze in der Luft umegfloge. Si hän zuem Schade hi nit für der Spott sorge bruche. Un vu dört aa he me de Niedereggenener „d Kanonetäler" gsait. (43)

LIEL

DIE ERZKNAPPEN GEWARNT

Früher wurde auch bei Liel nach Erz gegraben. Am Tag nach dem St. Barbarafest arbeiteten zwei Erzknappen im Schacht, doch war es keinem recht wohl. Zufällig schaute einer in die Höhe und sah oben am Rand des Schachtes einen festlich gekleide-

Silberbergwerk, Holzschnitt des 16. Jh.

ten Pfarrherrn stehen, der ihm heftig winkte, heraufzukommen. Das sagte der Knappe seinem Kameraden und der seinem Steiger. Dieser war ein gottesfürchtiger Mann, er erschrak und wußte, daß das etwas zu bedeuten hatte. Er rief alle Erzknappen zusammen, und sie stiegen aus dem Schacht. Der letzte war kaum oben, da rumpelte der Schacht mit großem Getöse zusammen. Der Geistliche aber war nicht mehr da, und die Erzknappen, die in der Nähe über Tage arbeiteten, hatten nie einen gesehen. (44)

SCHLIENGEN/KALTEHERBERGE

VIER MÜLLER – VIER SPITZBUBEN

Auf dem Gutshof Kalteherberge, der zugleich Poststation am Schliengener Berg war, lebte vor langer Zeit der Posthalter Reinau, ein reicher Mann, der nur auf seinen eigenen Vorteil bedacht war. Seinen Reichtum verdanke er einem Engländer, wurde erzählt, der dort übernachtet und den der Posthalter ermordet und beraubt habe.

Sonderbare Anzeichen gingen seinem Tod voraus, und in großen Ängsten starb er. Als aber die Träger den Sarg vor dem Gutshaus aufheben wollten, brachten sie ihn nicht von der Stelle, auch nicht, nachdem sie drei Vaterunser gebetet hatten. Einer der Träger schaute ratlos am Haus empor, und da sah er den Toten „zum obere Bühnilade“, zum Dachbodenfenster, herausschauen. Und auch die vielen Teilnehmer sahen den Geist und gingen verstört von der „Liicht“ (Begräbnis) nach Hause. Der Sohn des Toten aber sprengte im Galopp zur „Schlöferi“ (Somnambule) nach Seefelden, damit sie den Bann löse, der auf dem Toten lag. Am anderen Tage fand die Beerdigung noch einmal statt. Nun mußten vier Müller aus der Umgebung den Sarg hochheben und dabei zusammen sagen: „Hoi uf – hoi uf! Es hebe vier Spitzbuebe ne Dieb uf!“ Damit war der Bann gelöst, und alles ging nun nach der Ordnung weiter. (45)

FEUERBACH

WIE DER NAME FEUERBACH ENTSTAND

Im Dreißigjährigen Krieg wurde Feuerbach, das damals viel größer und wohlhabender gewesen sein soll und deshalb den Namen „Schmalzgrube“ führte, ein Raub der Flammen. Der Dorfbach war mit den reichen Ölvorräten des Ortes bedeckt, die lichterloh brannten; daher hat der Ort den Namen Feuerbach erhalten. (46)

FEUERBACH

DER FEUERBACHER HERBST

Wenn die Feuerbacher herbsten wollten, so erzählte man aus früheren Zeiten, se haig äni miesen uf Müle zuem Oberamdmann go frooge, ob si bal heerbschde chöne; dä heeb e Sagg vol Driibel underem Füüdli ghaa; derno haab der Oberamdmann gluegt, öb er e nas Füüdli haig, un wän s’ Füüdli nas gsi seig, se haige si heerbschde chöne. (47)

Schliengen, Stahlstich von F. Foltz, 1850

FEUERBACH

DER WILDE JÄGER

Eine längst verstorbene Frau aus Feuerbach ging einmal nachts von der Ölmühle heim. Als sie auf der Straße zwischen Riedlingen und Feuerbach war, sah sie einen Schatten durch die Luft huschen. Beim Aufschauen bemerkte sie einen Reiter, der auf einem gewaltigen Roß saß, das sechs Beine hatte. Das Gespensterroß stellte sich quer über den Weg und versperrte ihn. Die Frau konnte sich nicht mehr von der Stelle rühren bis Roß und Reiter wieder verschwunden waren. Vor Schreck wurde die arme Frau so krank, daß sie vier Wochen das Bett hüten mußte. (48)

BELLINGEN

GESPENSTISCHE OHRFEIGEN

Es war im Jahre 1813, erzählt der alte Lehrer von Bellingen, als ich zu meiner Erholung gegen Abend einen Spaziergang nach Schliengen machen wollte. Wie ich nun zu dem alten Bannkreuzlein komm', fährt eben ein beladener Waidling den Rhein aufwärts gegen Basel. Als ich so in Gedanken dastehe und dem Schifflein zuschaue, bekomm' ich plötzlich von hinten ein Paar so tüchtige Ohrfeigen, daß ich niederstürze, hör' und seh' aber niemand. Dieses Schlagen soll schon Mehreren begegnet seyn, ohne daß man weiß, wie und woher. Einige aber behaupten, es komme von einem Edlen des Dorfes her, der geisterweise gehen müßte, weil er teuflisch gelebt habe und immer noch nicht erlöst sey, und deßhalb seinen Spuk treibe in heiligen Zeiten. Genug, ich hatte den Schaden und durfte für den Spott nicht sorgen. (49)

HERTINGEN

DER SCHWARZE UND DIE ERZKNAPPEN

An einem Sonntagnachmittag im Advent gingen zwei Erzknappen von Liel nach Hertingen heim. Bei der Gauchmatt schloß sich den beiden ohne Gruß ein unheimlicher schwarzgekleideter Gesell an. „Woher des Wegs?" fragte ihn der eine. „Vu wit her!" war die barsche Antwort. „Un wuhi?" fragten die beiden weiter. „Zruck zue miim Meischter, wu n i her chu bi!" gab der Fremde unfreundlich Auskunft, und nachdem sie eine Weile schweigend weitergegangen waren, forderte er von seinem Nebenmann: „Gib mir dii Stecke, Erzchnapp, aß i dra goh cha! So wit berguf bin i nit gwohnt." Der gab ihm seinen Stock, und es fiel kein Wort mehr, bis die Erzknappen abbiegen und das Weglein zum Zimmerplatz nehmen wollten. Da gab der seltsame Fremde den Stock ohne Dank zurück. Dabei sah ihm der Knappe ins Gesicht, erschrak aber heftig, als er seine feurigen und tückischen Augen sah und rief: „Alli guete Geischter lobe der Herr, ihre Meischter!“ Da brüllte der schwarze Geselle wütend auf: „I nit!“ Und darauf folgte ein starker Donnerschlag und der Schwarze stand in Flammen. Entsetzt rannten die Erzknappen durch die Alte Gasse dem Dorf zu und erzählten ihr Erlebnis. Zum Beweis zeigten sie den Stock, der an der Stelle, an der ihn der Schwarze angefaßt hatte, ganz verbrannt war, und von dem Schrecken hatten beide weiße Haare bekommen. (50)

HERTINGEN

DER ROTE FISCH

Bei Hertingen, südlich von Müllheim, befindet sich in einem Hügel der Löhlisee. Aus diesem See kam einmal in alter Zeit ein roter Fisch mit einer Quelle heraus ans Tageslicht. Eine Zigeunerin sagte, daß im Löhlisee noch mehr so merkwürdige Wesen verborgen seien. Und der See werde einmal ausbrechen und das Dorf überschwemmen. (51)

HERTINGEN

GEIST IN FLASCHE GEBANNT

Im Pfarrhaus zu Hertingen ging früher der Fronvogt Leppert um, der zu Lebzeiten die Leute sehr geplagt hatte. Als diesen sein Rumoren unerträglich wurde, ließen sie einen Dominikaner von Basel kommen, der den bösen Geist in eine Flasche bannte und sie in der Pfarrhausmauer einmauerte. Als Jahre später Maurer an der dicken Mauer arbeiteten, fiel ein großer Stein heraus, und der Meister fand die Flasche. Er schlug sie mit dem Hammer auf, und darauf war der befreite Geist wieder im Pfarrhaus zu hören. Jede Nacht rannte er treppauf, treppab, seufzte, stöhnte und klapperte mit dem Schlüsselbund. Nun ließen sie einen Kapuziner holen, der den Geist wieder in eine Flasche bannte, und seitdem herrscht Ruhe. (52)

TANNENKIRCH

DER EWIGE JÄGER

Früher ist der ewige Jäger auch durch das Ettinger Wegli, durch Schweiglers Hof und durch das Flösch gegangen. Einmal war eine Frau unterwegs von Gupf nach Ettingen. Da hörte sie einen schrillen Pfiff in der Luft. Das war der ewige Jäger. Er pfiff seinen Hunden und rief in einem fort: „Hundli, Hundli, da, da, da!" Er ritt als kopflose Gestalt auf einem sechsbeinigen Roß.

Wer dem ewigen Jäger in den Weg tritt, der erhält eine gewaltige Ohrfeige. Der wilde Jäger soll aber nur alle hundert Jahre an denselben Platz kommen. (53)

BAMLACH

DER GEIST DES GRAUSAMEN MARSCHALLS

Auf dem Schlosse der Herren zu Bamlach, einem Pfarrdorfe am Rhein unweit Müllheim, hauste vor Zeiten der gewaltige Marschall, gefürchtet und gehaßt von seinen Untertanen. Alle Ortseinwohner mußten ihm Frondienste tun, wie und wann es seinem Übermute gutdünkte. Einmal hatten die Frauen im Schlosse eine Wäsche, wobei die meisten Weiber des Dorfes fronweise mittun mußten. Nach vollbrachter Arbeit wurde die Leinwand auf einer Wiese, nächst dem Dörflein, zum Trocknen ausgebreitet. Da begab es sich später, daß ein Stück Wäsche vermißt wurde, worüber der Burgherr so aufgebracht ward, daß er einem armen Manne, der viele Kinder hatte, einen Acker wegnehmen ließ, bloß weil das Grundstück an jene Wiese grenzte. Durch solche und ähnliche Gewalttaten vergrößerte er sein Gut immer mehr, und wenn auch das Flehen und der Jammer der Armen zum Himmel stieg, so wollte die Strafe immer noch nicht kommen, denn der Böse sollte den Ritter noch mehr in seine Gewalt bekommen.

Nachdem endlich das Maß seiner Sünden voll war, bekam der Kaiser Kunde von diesen Ungerechtigkeiten und ließ den Marschall zur Verantwortung und Strafe nach Wien fordern. Der Geladene erschien, ohne im mindesten Reue über das Geschehene an den Tag zu legen. Der Kaiser und sein Gericht sprachen das Urteil: daß er zur Strafe seiner Vergehungen die „Jungfrau küssen" und noch drei Tage zur Reue und Buße haben solle. Nachdem der Ritter hingerichtet war, sandte der Kaiser zum Zeichen der vollzogenen Strafe den Bamlachern des Marschalls Hut mit dem Befehl, daß den Beraubten ihr früheres Eigentum wieder zurückerstattet werden solle. Ehe aber das Wahrzeichen noch an Ort und Stelle ankam, war der ruhelose Geist des Verurteilten schon da und rumorte auf dem Schlosse und den Gütern, wo oft in finstern Nächten Vorübergehende beunruhigt und in die Irre geführt werden. Bis auf den heutigen Tag geht man den Bamlacher Weg zum Schlosse nicht gerne um Mitternacht, ohne vorher sein Memento gemacht zu haben. (54)

BAMLACH

DAS SCHWARZE SCHWEIN

Ein reicher Mann von Bamlach sagte einmal, es sollte nur reiche Leute auf der Welt geben. Die Armen sollte man den Schweinen zu fressen geben. Darum mußte nach seinem Tod sein Geist als schwarzes Schwein umgehen. Jede Nacht kam es in die Küche in seinem Haus und fraß die Schweinetränke. (55)

MAPPACH/WINTERSWEILER

DER WILDE JÄGER

Ä Maa hät emol auf äm Heimweg vo Mappach de ewig Jäger gseh. Im e riesege Galopp isch er vom Wald obe über d'Felder gritte. Chumm isch er daheim gsi, na sin auf eimol d'Beiner zum Fenschter ine keit cho un ä Schtimm hät grufe:

„Hesch mer g'holf jage, kannsch mr au helfe nage!"

Dr Jäger isch aber gli wieder dervu gschprengt. (56)

KEMS (untergegangene Siedlung)

DAS VERSUNKENE CHRISTENHEER

In alter Zeit kam ein großes christliches Heer an den Schliengener Berg. Dort teilte es sich in zwei kleinere, und das eine zog nach Frankreich auf das Ochsenfeld, das andere in die Stadt Kems, die auch Thonsul und Ehrenstadt genannt wurde. Sie hatte einen Umfang von vier Stunden. Wo jetzt in Krozingen die Kirche steht, da stand das Schloß, am Platz der Ulrichskapelle die Pfarrkirche; die sogenannten Weingärten waren die Rebäcker eines dabeigelegenen Frauenklosters. An der Stelle des Laufbrunnens auf dem Moos befand sich der Marktbrunnen, und nicht weit davon, wo jetzt ein Sumpf ist, ein prächtiges Münster.

Ohne daß man weiß warum, sind die Stadt und die beiden Heere zugleich in die Erde versunken. Wenn ein Krieg bevorsteht, ertönt aus der Tiefe Trommelschlag und das Geläut der Münsterglocken. Einst aber, wenn die Christen, zu einem kleinen Haufen zusammengeschmolzen, den letzten Rettungskampf gegen die Ungläubigen wagen, kommen die zwei Heere ihnen zu Hilfe und hauen den Feind in Stücke. Darauf gelangen sie zur ewigen Ruhe. Die Christen aber, die auf der Erde zurückbleiben, werden an Heiligkeit der ersten Gemeinde unter den Aposteln ähnlich sein. (57)

ISTEIN

DIE VERFOLGTEN REITER AM ISTEINER KLOTZ

Ältere Leute wußten vor etwa fünfzig Jahren zu erzählen, es sei im Jahre 1796 eine Abteilung versprengter französischer Reiter von Kleinkems her auf dem beschwerlichen Bergpfad, der bei dem Dorf Istein an dem Felsen aufwärts führt, an den schmalen Steg gekommen. Der liegt in einer Höhe von zehn Metern unmittelbar über dem Rhein, der den Fuß des Felsens unterwühlt. Hinter sich den verfolgenden Feind, vor sich das schmale Brett über den schauerlichen Abgrund, entschlossen sich die Reiter kurzerhand, abzusteigen und den Pferden die Augen zu verbinden. Jeder führte sein Roß am Zügel hinter sich, und so kamen sie glücklich über die lebensgefährliche Brücke. (58)

ISTEIN

DER WILDE JÄGER

Auch im Gebiet des Isteiner Klotzes ist der wilde Jäger daheim. Noch gegen Ende des vorigen Jahrhunderts ließ er in der Isteiner Gegend sein schauriges „Huttätätä" vernehmen. (59)

ISTEIN

ST. VEIT

Ritter Veit von Istein war einer der tüchtigsten Jäger und Reiter des ganzen Oberrheines. Er verlobte sich mit dem Fräulein von Sponeck, das seinen Werbungen auf Dauer nicht hatte widerstehen können. Der Brautstand zog sich durch verschiedene Ereignisse in die Länge. Da sie nicht weit entfernt voneinander wohnten, sich fast täglich sehen konnten, verlebten sie glückliche Tage. Man begann schon von der bevorstehenden Hochzeit zu reden, als die Nachricht von einem großen Turnier, welches der Graf von Thierstein auf seinem Schlosse Angerstein an der Birs ausgeschrieben hatte, die ganze junge Ritterschaft des Oberrheins in Bewegung setzte. Die Hoffnung, einen der herrlichen Turnierpreise zu gewinnen und mit diesem geschmückt am Vermählungstage auftreten zu können, war für Ritter Veit gar zu verlockend. Er sagte daher der Braut für kurze Zeit Lebewohl und zog mit seinen Knappen nach der Birs. Die Tapferkeit und die Waffengewandtheit Veits hatten hier Gelegenheit, sich vor allem Volk so zu zeigen, daß er den ersten Dank davontrug, welcher ihm durch die junge Gräfin von Thierstein gespendet wurde.

Die Freude des Sieges, die Spenderin der Siegesgabe, das Bankett, welches mit dem Turnier verbunden war und mehrere Tage dauerte, übte auf den jungen Ritter einen mächtigen Zauber aus. Das sanfte, anspruchslose Fräulein von Sponeck trat immer mehr in den Hintergrund, dafür füllte die glänzende Gräfin Bertha von Thierstein die ganze Seele des Ritters, fesselte ihn so, daß er außer ihr kein Heil mehr kannte. Der Graf von Thierstein schien mit Freuden zu bemerken, daß die Tochter sich zu dem tapferen Isteiner hingezogen fühlte, schien gerne zu sehen, daß jeder Festauftritt die jungen Leute näher brachte. Er verlängerte diese Festauftritte geflissentlich und legte dem Ritter jedesmal neue Hindernisse in den Weg, wenn dieser von Abreise sprach, zu der er sich im Herzen so ungern entschließen konnte. Bald war denn auch eine ordentliche Bewerbung vor sich gegangen, die Liebesleute umarmten sich als Brautleute mit der Bewilligung des Grafen, der des jungen Ritters Verhältnis mit dem Fräulein von Sponeck nicht kannte.

Wußte man auf Thierstein wenig von dem alten Verhältnis Veits, so trugen dagegen geschäftige Zungen um so rascher nach Sponeck die Kunde von der neuen Brautschaft des Ritters. Anfangs hatte Jutta diesen Gerüchten nicht glauben wollen, als sie sich aber stets wiederholten, stets beunruhigender klangen, verfehlten sie nicht, Kopf und Herz der Jungfrau in Glut zu setzen. Sie beschloß, der Wahrheit des Gerüchtes nachzuforschen. In jenen Zeiten, wo noch die kindliche Frömmigkeit, der kindliche Glaube, in der Burg des Ritters herrschten, fiel es dem Mädchen nicht schwer, sich, ohne Aufsehen zu erregen, aus dem elterlichen Hause zu entfernen. Sie rüstete sich als Pilgerin, täuschte alle Fragenden dadurch, daß sie eine Wallfahrt nach Mariastein bei Reinach vorschützte, in der Gegend, wo ihr treuloser Bräutigam sich derzeit aufhalten sollte.

Sie kam nach kurzer Fahrt glücklich im Dorfe Aesch an, unweit der Burg des Thiersteiners, und hörte dort zu ihrem Schrecken die Bestätigung all dessen, was das Gerücht ihr schon daheim berichtet hatte. Aber immer noch wollte sie es nicht für wahr halten, wollte sie das Vertrauen zu den Schwüren ihres Bräutigams nicht ganz aufgeben. Von Zweifel und Angst getrieben, schritt sie dem Flusse entlang zur Burg und begegnete zufällig den Liebesleuten auf der Brücke. Diese hatten die Außenwelt um sich so vergessen, daß sie die Pilgerin gar nicht beachteten und ihr Kosen nicht einstellten. Die arme Jutta erkannte auf den ersten Blick die Tiefe ihres Elends

Isteiner Klotz, Stahlstich von J. Riegel, 1850

und stieß sich in dem Drange der Verzweiflung unter lauten Schmerzensrufen einen Dolch in die Brust. Ihr Schrei, ihr Fall zog die beiden Lustwandelnden herbei. Sie aber wollte den Ritter oder die Nebenbuhlerin nicht mehr schauen und nicht mehr hören. Sie stürzte sich mit verwirrtem Blick über das Brückengeländer hinab in die reißende Birs.

Veit hatte die ältere Braut in der Stürzenden gleich erkannt. Er sah nun, auf das Brückengeländer zueilend, noch einmal deren Oberkörper aus der schäumenden Flut auftauchen, sah deren drohende Stirne, sah die Wellen von Blut gerötet. Von diesem Augenblick an war ihm, als sei er selber der Mörder gewesen, als ob er den Dolch gegen den liebenden Busen gezückt hätte. Ohne an die von dem grausigen Auftritt ohnmächtig gewordene Gräfin von Thierstein zu denken, trieb es ihn fort durch das Dorf Aesch. Knappen und Rosse ließ er in der Herberge und streifte, wie vom wilden Jäger gehetzt, durch das Birstal zum Rheine nieder. Erst vor Basel gelang es ihm, seine Gedanken einigermaßen zu sammeln. Nachdem er bei sich überlegt hatte, schien es ihm das beste, jetzt nicht wieder nach dem Schlosse zurückzugehen, das er in so auffallender Weise verlassen hatte, auch nicht in dem seltsamen Aufzug nach Basel, sondern alsbald nach seiner heimatlichen Burg zu ziehen, die ihm nun nicht mehr fern lag.

Er streifte auf Umwegen durch Hain und Wald unbemerkt um die Stadt Basel und gelangte gegen Abend nach der Fähre von Hüningen. Der Schiffer setzte ihn alsbald über den Fluß. Als der Kahn die Mitte des Stromes erreicht hatte und der Ritter gedankenvoll in die Flut hinabstierte, tauchte plötzlich eine weibliche Leiche vor seinen Blicken aus dem Wasser empor. Es war Juttas drohendes Antlitz, war der Busen mit der Todeswunde. Der Schiffer sah die Erscheinung ebenfalls, sah den Ritter auf dem Grund des Kahnes zusammensinken, als ob er sich vor dem Anblick erretten wollte und ruderte herzhafter, um dem Schrecken zu entkommen. Als der Kahn an das jenseitige Ufer stieß, verschwand der Ritter, ohne Fährlohn zu zahlen, und ohne es zu fordern, ruderte der zitternde Schiffer wieder zurück, froh, den unheimlichen Gefährten los zu sein.

Veit eilte stromabwärts nach seiner Burg. Wie er aber unten ankam, sich vom Ufer zum Felsenwege wenden wollte, der ihn ins Schloß führte, sah er die tote Braut zum dritten Male aus den Wellen auftauchen, sah sie an den Felsen festgehalten. Dies überwältigte die Kräfte seines Geistes. Sinnlos eilte er zur Burg, brachte die Dienerschaft, die ihn nicht erwartet hatte, durch den Ausruf, daß seine Braut einziehen wolle, in Unruhe und Aufruhr. Dann eilte er ebenso rasch wieder den steilen Bergpfad hinunter. Seine erschrokkenen Diener, die in der Eile Fackeln ergriffen hatten, folgten ihm, vermochten ihn aber nicht mehr zu erreichen. Sie sahen, wie er sich zum Strome hinabbückte, einen weißen Gegenstand, einer menschlichen Gestalt ähnlich, der Flut enthob, mit dieser beladen auf den Felsenvorsprung rannte und sich in die Strudel hineinwarf. Auf den Schreckensruf der Diener eilten die Fischer des benachbarten Dörfchens herbei. Nach langem Suchen fanden sie endlich die beiden Leichen, die sich umschlungen hielten, dicht am Ufer unter einem Felsenzacken.

Istein und Isteiner Klotz, Radierung von Matthäus Merian d. Ae., ca. 1625

Beide Leichen wurden als Selbstmörder unten am Ufer eingescharrt, nicht auf dem Friedhofe feierlich beerdigt. Sicher aber wurde beiden in der Stille nachgetrauert. Was den Schuldigsten, den Ritter, betrifft, so war damals einer seiner näheren Verwandten Bischof in Basel. Dieser Bischof, Lüthold geheißen, baute an der verhängnisvollen Stelle ein Frauenkloster und segnete den umfriedeten Ruheplatz der Selbstmörder ein. Der Ruheplatz der Unglücklichen ist aber später noch öfter zum Begräbnis gebraucht worden, er dient noch bis auf den heutigen Tag zur Grabstätte aller Leichen, welche durch die Flut des Rheines hier ausgeworfen werden.

Da das Strombett so beschaffen ist, daß alle, die oberhalb verunglücken, hier anlanden, so kann diese eigentümliche Tatsache wohl der Anlaß zu der Volkssage sein; doch ist die Erbauung des Klosters durch den Basler Bischof keineswegs aus der Luft gegriffen, sondern geschichtlich verbrieft. (60)

HÜNINGEN

DER NAME HÜNINGEN

Am Anfang der Regierung Heinrichs I. (918 – 936) zogen die Ungarn durch Schwaben und nach einer vergeblichen Belagerung von Konstanz in das Rheintal, wo sie alles mit Mord und Brand verwüsteten. Auch Säckingen soll bei diesem Anlaß mit fast allen seinen Einwohnern der Verwüstung erlegen sein. Auf beiden Ufern des Rheines schwärmte der schreckliche Feind. Da stellte sich ein Graf oder Edler aus dem Fricktal namens Herminger mit sechs wackeren Söhnen an die Spitze schnell gesammelter Scharen. Anfangs mußte er sich vor der Übermacht hinter Rheinfelden zurückziehen, dann aber stürzte er sich im Dunkel der Nacht auf den schlaf- und weintrunkenen Feind, während auf den Bergen ringsum Flammenzeichen leuchteten. Was dem Schwerte entging, fand sein Grab in den rauschenden Fluten des Rheines. Jetzt zimmerten sich die Hunnen Fähren aus den Tannen des Schwarzwaldes, setzten bei Hüningen über den Rhein und lagerten sich drüben auf der Stätte, wo jetzt noch, nach der Sage, Groß-Hüningen dieses Volkes Namen tragen soll. (61)

OBERLAND

BROT WIRD ZU SCHLANGEN UND KRÖTEN

Im badischen Oberlande war eine Bäuerin, welche keinem Armen ein Almosen verweigerte und jedem wenigstens ein Stück Brot gab. Nachdem sie gestorben war und ihr Mann wieder eine Frau genommen hatte, wollte diese sehen, wieviel jene den Armen gegeben hatte. Deshalb legte sie, so oft ein Almosen von ihr begehrt wurde, ein Stück Brot in einen verschlossenen Kasten, während sie den Bettelnden mit einem leeren „Helf Gott!" abspeiste. Als so ein Jahr vorübergegangen und der Kasten ganz voll Brot war, führte sie ihren Mann zu diesem, um ihm zu zeigen, wieviel seine erste Frau vertan habe. Sie öffnete den Deckel, und sieh! statt mit Brotstücken war der Kasten mit Schlangen und Kröten angefüllt, worüber beide heftig erschraken, und die Frau die Größe ihrer Sünde erkannte.

Bei verschiedenen Geistlichen beichtete sie, aber keiner wollte sie lossprechen, und einer von ihnen, ein frommer Greis, riet ihr, sich an den heiligen Vater zu wenden. In Begleitung ihres Mannes pilgerte sie nun nach Rom und legte vor dem Papst ein reumütiges Sündenbekenntnis ab. Als sie damit zu Ende war, hieß er sie auf zwei Stunden abtreten, während derer er die Sache bedenken wolle. Bei ihrer Wiederkunft gab er ihr die Lossprechung mit der Buße, in der nächsten Nacht in einer verschlossenen Stube allein zu sein und die Schlange und Kröte zu küssen, welche zwischen elf und zwölf zu ihr kämen. Dann sagte er ihrem Mann, daß sie, wie ihm offenbart worden, von den Schlangen und Kröten gefressen werden müsse und er hiernach ihre Buße bestimmt habe. Auf ihr Jammergeschrei in der Nacht dürfe niemand zu Hilfe kommen.

Zur bezeichneten Stunde fanden sich die Schlange und die Kröte bei der Frau ein, und so sehr dieser auch grauste, gab sie doch jeder einen Kuß. Da sprangen ihr beide ins Gesicht, die anderen Schlangen und Kröten, die im Kasten gewesen waren, strömten auch herbei, und alle zusammen fraßen die Frau, die vergebens um Hilfe rief, bis auf die Knochen auf. Am Morgen fand man diese in der Stube, die Schlangen und Kröten aber waren verschwunden. Der Papst ließ nun die Gebeine begraben und hielt selbst für die Frau das Totenamt, und während des Amtes erschien sie ihm als weiße Taube zum Zeichen, daß sie ein Kind der Seligkeit geworden sei. (62)

OBERLAND

DAS BEHEXTE BUTTERBROT

In einem Dorfe des badischen Oberlandes wurde einst ein achtjähriges Büblein auf dem Wege zur Schule von einer Frau in ihr Haus gerufen. Sie gab ihm ein Butterbrot, das es vor ihren Augen aufessen mußte, dann ließ sie es in die Schule gehen. Dort fing das Büblein, als der Lehrer einmal hinausgegangen war, plötzlich an zu fragen, ob es Mäuse machen solle. Von den anderen Kindern deshalb verlacht, klopfte es dreimal unten an die Tischplatte, und sogleich wimmelte die ganze Stube von Mäusen. Heftig erschrokken, schrien die Kinder um Hilfe, worauf der Lehrer hereineilte, und als er das Geschehene erfahren hatte, das Knäblein fragte, ob es auch die Mäuse wieder fortbringen könne. „O ja!" antwortete es, schlug dreimal auf die obere Seite der Tischplatte, und augenblicklich waren alle Mäuse verschwunden.

Der Lehrer schickte nun die Kinder heim, ausgenommen das Büblein, mit dem er eine scharfe Untersuchung vornahm, aber nur erfahren konnte, daß es noch andere solche Künste verstehe und kurz vor der Schule bei der Frau das Butterbrot gegessen habe. Da diese im Rufe der Hexerei stand, zeigte der Lehrer die Sache den Eltern des Kindes und dann mit ihnen der Obrigkeit an. Die Frau wurde eingezogen und zu dem Geständnis genötigt, daß sie dem Knäblein durch das Butterbrot die Hexerei beigebracht habe, wovon ihm nicht mehr geholfen werden könne. Darauf ließ die Obrigkeit die Frau verbrennen, das Kind aber in ein kaltes Bad setzen und ihm die Adern öffnen, daß es sein Leben verblutete. (63)

OBERLAND

HEXE ENTDECKT

Im badischen Oberland lebte eine reiche, kinderlose Bauersfrau, welche eine Hexe war. An jedem Mittwoch und Freitag begab sie sich nachts zum Hexentanz, der fünfzig Stunden von ihrem Wohnort entfernt in einem Felsenkeller abgehalten wurde. Wenn sie dahin wollte, legte sie ein Bund Stroh, dem sie durch Blendwerk ihre Gestalt gab, zu ihrem Mann ins Bett, ging dann in die Stube des Knechts, der ein starker Bursche war, legte dem Schlafenden einen Zaum an, verwandelte ihn in ein Pferd und ritt auf ihm hinaus. Ebenso kehrte sie später wieder nach Hause zurück, und der Knecht, welcher darüber sehr abmagerte, erwachte am Morgen in seinem Bett, ohne von dem Vorgang etwas zu wissen.

Etwa ein halbes Jahr hatte die Frau so ihr Wesen getrieben, als es sich zutrug, daß abends ein wandernder Handwerksgeselle auf dem Feld bei dem Felsenkeller im Rausche einschlief. Er erwachte,

„Hexe bei der Arbeit", Kupferstich von 1736

nüchtern geworden, tief in der Nacht, hörte nahes Tonspiel und kam, als er ihm nachging, zur Türe des Kellers. Da er sie verschlossen fand, schaute er durch das Schlüsselloch und sah, daß der Keller hell erleuchtet war und darin gezecht und getanzt wurde, auch stand an der Wand ein angebundenes Pferd. Sogleich sagte eine Frau der Sippschaft zu einer anderen: „Gehe, blase das Licht aus!" worauf diese durch das Schlüsselloch dem Gesellen in das Auge blies, daß es augenblicklich erblindete. Hierüber entsetzt, schrie er dreimal nacheinander zum Schlüsselloch hinein: „Um Gotteswillen, machet auf!" Da flog die Tür auf und Hexen und Teufel fuhren in wildem Getümmel heraus und nach allen Weltgegenden davon. Hierauf ging der Geselle in den Keller, worin nur noch ein Licht brannte und sah, daß er durch sein Rufen alles Blendwerk vertrieben hatte. Das Essen war zu Viehkot, der Wein Roßpisse und das Pferd wieder zum Knecht geworden. Dieser erstaunte sehr, sich gezäumt im Keller zu befinden. Als ihm aber der andere das Geschehen erzählte, wurde ihm klar, wie er seither mißbraucht worden war.

Um zu erfahren, wer es getan, ging er wieder in seinen Dienst und beobachtete die Frau genau, von der er manches Verdächtige gehört hatte. Nachdem er gemerkt hatte, daß sie, wenn ihre Leute alle auf dem Felde zu tun hatten, gewöhnlich sehr spät und allein zum Kochen heimging, dennoch aber ihnen das Essen stets zur rechten Zeit hinausbrachte, schlich er bei einer solchen Gelegenheit auf den Speicher des Hauses und machte in den Schornstein ein kleines Loch, durch das er hinunter in die Küche sehen konnte. In diese kam die Frau und rief, ohne den Knecht zu sehen, in den Schornstein hinauf: „Gib mir eine Schüssel Suppe, gib mir eine Schüssel Fleisch und Gemüse!" Im Augenblick standen diese Speisen in Schüsseln auf dem Herde und wurden dann von der Frau für ihre Leute mitgenommen. Als die Frau aus dem Hause war, verließ der Knecht sein Versteck und noch am gleichen Tage den Dienst der Hexe. (64)

Der Wiese entlang von Rötteln zum Feldberg

Burg Rötteln, Stahlstich von 1844

RÖTTELN

DER WILDE HAPSBERGER

Auch im Wiesentale ist der wilde Jäger bekannt. Einmal hörten zwei Burschen, die in der Nacht beim Röttler Schloß aus dem Walde kamen, ferne in der Luft des Hapsbergers Geschrei. Spottend ahmten sie es nach, gerieten aber in große Angst, als das Getöse sich schnell immer mehr näherte. Mit knapper Not flüchteten sie sich noch in das Röttler Pfarrhaus. Kaum waren sie im Hausflur, da polterte von außen ein ganzer Arm voll Knochen an die Türe, und eine Stimme rief:

„Habt ihr mir helfen jagen,
so helft mir jetzt auch nagen!" (65)

RÖTTELN

SCHATZ UND SCHATZGRÄBER IN DER BURG

In dem zerfallenen Gemäuer der Burg vermutete man seit langem unschätzbare Reichtümer, die bis heute in dem tiefsten Burgkeller vergraben sein sollen. Einmal suchte ein Mann den Eingang zum Burgkeller, um an den Schatz heranzukommen. Da entdeckte er ein goldenes Kegelspiel, das er sofort einsteckte und damit nach Hause lief. Aber das Kegelspiel brachte ihm kein Glück. Was er auch begann, nichts wollte ihm gelingen, denn immer lebte er in der Angst, es könnte ihm einer das goldene Kegelspiel wegnehmen. Dabei wurde er krank und elend. Da kam eines Nachts ein Männlein zu ihm, das sagte, er müsse das Kegelspiel wieder dorthin zurücktragen, wo er es gefunden habe. Nur ungern folgte er dem Rat. Aber er trug es zurück, und sofort ging es ihm besser. Noch mancher andere fand später das goldene Kegelspiel, aber jeder mußte es wieder an seinen Platz zurücktragen.

In schönen Vollmondnächten schlich mancher heimlich um das Schloß, um durch Brombeerhecken und Haselnußgesträuch den Weg zum Eingang in den Burgkeller zu finden, aber vergeblich.

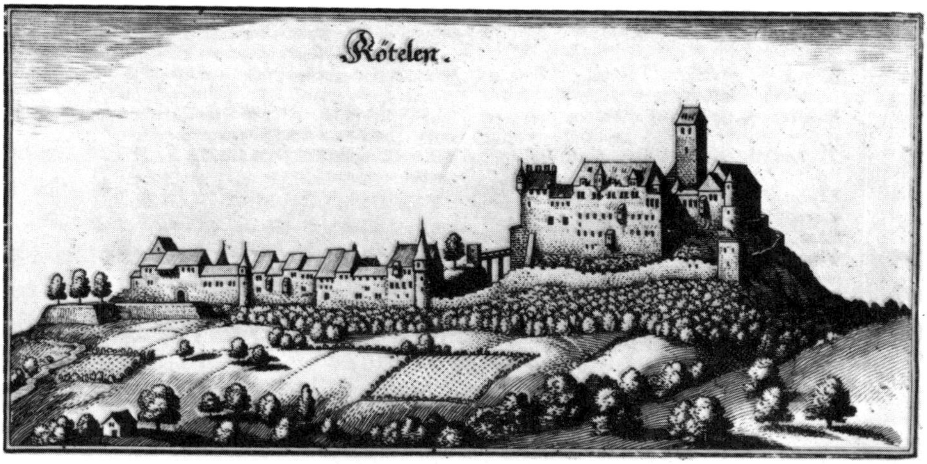

Burg Rötteln, Kupferstich von Matthäus Merian, 1644

Doch im Schloßhof konnte man in hellen Nächten Ritter in Harnisch und Panzer Turniere reiten sehen. Die Rosse waren prächtig aufgezäumt, und schöne Damen in Samt und Seide mit Schmuck aus Gold und Edelsteinen sahen dem Spiel zu. Manchmal wurde auch das weißgekleidete Burgfräulein gesehen, wie es auf dem Mäuerlein der Zugbrücke saß und spann. Ging es einmal um die Burg, winkte es den Kindern zu, die durch den Wald gingen. Manchmal konnte man in der Nacht auch ein Licht wie ein Flämmlein sehen, das vom Walde her an der Burgmauer hinaufflog und im Erkerfenster verschwand.

Unterhalb des Schlosses hatte der Hoffischer in der Wiese das Fischrecht. Dort sah man oft das Burgfräulein als Wasserjungfer, die in der Wiese badete und sich nach dem Bad die goldenen Haare am Ufer in der Sonne trocknete. Sie war halb Mensch, halb Fisch, und wer sie sah, machte einen großen Bogen um sie. Man sagte, ihr Vater sei ein Raubritter gewesen, der genommen, was ihm nicht gehört habe, und auch Kirchen und Klöster seien nicht verschont geblieben. Die Schätze habe er im tiefsten Burgkeller versteckt. Seiner Freveltaten wegen habe er im Grab keine Ruhe gefunden, und auch seine schöne, aber habgierige Tochter sei verflucht worden. Alle hundert Jahre habe nun seine Tochter einen guten Menschen gesucht, der den Schatz heben und haben wolle, dann wäre sie und ihr Vater erlöst.

Einmal kam die Wasserjungfer einige Nächte nacheinander zu dem Fischer, der oft an jenem Platze in der Wiese fischte, und sagte zu ihm: „Chum mit mer ufs Schloß! Bruuchsch kei Angscht ha, s cha der gar nit passiere! Gang mit mir in der tiefscht Cheller, dört stoht e großi Chischte voll Gold! Wenn du numme selli Chischte aarüehrsch, noo isch mii Vatter und i vu allem Böse erlöst, un was in der Chischte n isch, ghört alles dii! Chumm mit un förch der nit, was es auch seig!" Der Fischer war arm und wäre gern reich geworden, darum überwand er seine Furcht und ging mit zum Schloß. Die Wasserjungfrau ging voraus und zeigte ihm unter einem großen Stein den Kellereingang. Im ersten Keller waren Schüsseln und Kannen von Silber, im zweiten kostbare Kirchengefäße von Silber und Gold, und im dritten und tiefsten Keller stand in der Mitte eine große mit Eisenbändern beschlagene Kiste voll mit purem Gold. Darauf saß ein großer schwarzer Pudelhund, der keinen Laut von sich gab. Aber aus seinen bösen Augen fuhren Funken, und aus seinem Maul züngelten Flammen. Der Fischer erschrak so sehr, daß er davon und den Berg hinunter rannte, so schnell er nur konnte. Vor Schrecken waren seine Haare schneeweiß geworden, und die Wasserjungfer hat man danach nicht mehr gesehen. (66)

RÖTTELN

DIE BURG

Auf diesem verfallenen Bergschloß liegt viel Geld vergraben, bei dem ein Fräulein in weißem Kleid und Schleier umgeht. Am Tage sitzt sie öfters auf der Burgbrücke und spinnt, oder sie lustwandelt in der Umgebung des Schlosses. Von da hat sie einmal Kindern vergebens gewinkt, zu ihr zu kommen. Beim Mondschein wurde schon ein Unsichtbarer gehört, der wie unter einer Last keuchend zu der Burg ging. In dieser erscheinen in manchen Nächten gespenstische Lichter, auch schwebt zuweilen aus dem nahen Wald eine einsame Flamme herbei und fährt an der steilen Mauer hinauf und zu einem Erkerfenster hinein. Auf dem Burghof hat schon ein Mann eine mannsdicke, baumlange Schlange in der Sonne liegen sehen, und in früherer Zeit sind manchmal nachts feurige Drachen von dem Schloß nach der Chrischonakapelle oder von dieser nach der Burg geflogen. Dort befindet sich auch ein Kegelspiel, welches derjenige, der es fortnimmt, nicht behalten kann, sondern wiederbringen muß. Was man in den Felsenkeller tut, wird in der Nacht von unbekannter Gewalt herausgeworfen. Von der Burg geht ein unterirdischer Gang unter der Wiese hinweg in das Brombacher Schlößchen; er ist aber gegenwärtig größtenteils verschüttet. (67)

Die Burg Rötteln war im 12. und 13. Jh. Sitz der Herren von Rötteln. Diese starben 1310 aus, und die Burg fiel an die Sausenberger Linie der Markgrafen von Hachberg. Diese bauten sie zu einer mächtigen Anlage aus. Die Burg wurde später Sitz der Vögte der Markgrafen von Baden-Durlach, welche von Rötteln aus die sogenannte obere Herrschaft von Rötteln, Sausenberg, Badenweiler verwalteten. 1678 wurde die Burg von den Franzosen erobert und in Brand gesteckt.

HAAGEN

UNKE IN GELD VERWANDELT

Vor zehn Jahren fand ein Mann in Haagen, welcher sich einen Keller grub, im Boden eine Menge Unken. Er tat sie in einen Korb und trug sie in den nahen Wassergraben. Zurückgekommen, entdeckte er, daß eine Unke, die im Korbe hängen geblieben war, sich in ein Goldstück verwandelt hatte. Sogleich eilte er an den Graben und suchte die Unken, fand aber weder sie noch Goldmünzen. (68)

STEINEN

DER NAME STEINEN

Vor zweihundert Jahren ist hier in der Talsohle keine Straße gewesen, sondern nur fahrbare Wege haben sich längs der Berge hin für leichtere Fuhrwerke gezogen. Um den Absatz der Erzeugnisse des Waldes, des Holzes und der Kohlen, möglich zu machen, ist am Fuße der linken Talseite hin von Hausen bis gegen Basel ein schiffbarer Kanal gegraben worden, von dem sich noch jetzt Spuren bei Fahrnau und Maulburg befinden sollen. Ein zur Zeit Fechts (etwa 1850) lebender Mann namens Laib in Höllstein erzählte, sein Großvater sei als Flößer auf diesem Kanal tätig gewesen.

Die Namen Steinen und Höllstein hat man in Zusammenhang mit zahlreichen ehemaligen Sandsteinbrüchen der Nachbarschaft zu bringen versucht, die nach einer Überlieferung im Jahre 1356 das Material zum Aufbau der durch ein Erdbeben zerstörten Stadt Basel größtenteils geliefert hätten. Höllstein soll Hol Stein bedeuten, weil hier die auf dem erwähnten Kanal versendeten Steine verladen wurden. Im 14. Jh. hieß Steinen „Stein am Steinenbach". (69)

STEINEN

DER GANGGALARIS

In Steinen im Wiesental trieb ein Geist sein Wesen, der sogenannte Ganggalaris, der die Leute neckte, wo er nur konnte. Wenn der alte Bäcker, in dessen Haus der Geist spukte, mit Holz nach Basel fahren wollte und morgens früh um drei Uhr seine Pferde gefüttert und aufgeschirrt hatte, ging er nochmals in die Stube, seinen Kaffee zu trinken. Kam er dann in den Stall, um abzufahren, hatten seine Rößlein das Geschirr verkehrt an. Das hatte der Ganggalaris getan.

Einmal rief der Nachtwächter im Ort wie üblich: „Loset, was ich euch will sage, d'Glocke hett" – und als er weitersingen wollte: „zwölfi gschlage!" da bekam er eine hinter die Ohren, daß er seinen Spruch umwandelte und sagte: „Wenn numme der Teufel und sechs Wetter de Ganggalaris verschlieche (verschlügen)!"

Ein andermal hatten die größeren Maidli ihren gewohnten Liechtgang, und da ging's immer lustig zu. Es wurde nicht nur gesponnen, sondern auch gespielt, getanzt und Gespenstergeschichten erzählt. Eines der Mädchen wurde ganz übermütig, riß im Mutwillen das Fenster auf und rief in die Nacht hinein: „Ganggalaris chumm ine!" Kaum gesagt, streckte er auch schon seinen Kopf zum

Fenster herein. Voller Schrecken aber warf das Mädchen das Fenster zu.

Seit die Scheuer abgerissen wurde, in der der Ganggalaris sich aufhielt, ist der alte Neckgeist verschwunden. (70)

STEINEN

DER GESPENSTISCHE HUND UND DER WILDE JÄGER

Drei Männer waren in einer mondhellen Nacht unterwegs von Lörrach nach Steinen. Als sie beim Hauinger Sträßli an die Stelle kamen, wo der Weg zum Stockert einbiegt, wurde einer von ihnen unruhig. Er wollte nicht mehr weitergehen und rief immer: „Jagt doch den Hund weg!“ Obgleich seine Gefährten nichts wahrnahmen, sah er ihn und hörte bis zum Ortsanfang von Steinen immer die Rufe: „Hü, hü!“ Die Begleiter traten mit ihm in seine Stube, in der noch ein Fensterflügel offen stand. Plötzlich fiel ein Knochen herein mit den Worten:

„Hesch mer ghulfe jage, so hilf mer jetz au nage!“

Auch im Stockert, Hägelberg zu, wurde der Ruf des Jägers gehört: „Hündele utätä, Hündele utätä!“ (71)

STEINEN

DIE HÄFNET-JUNGFRAU

In dem Schlößlein zu Steinen wohnten vor Zeiten die Zwingherren der Gegend. Die Tochter eines von ihnen war so hoffärtig, daß sie nicht auf der bloßen Erde in die Kirche gehen wollte und darum sich stets vom Schlößlein bis zum Kirchhof, ja über diesen hinaus bis zum Gotteshaus einen Dielenweg legen ließ, der mit Tuch oder Taffet bedeckt werden mußte.

Als sie gestorben und beerdigt war, stand der Sarg in der nächsten Frühe außen an der Kirchhofmauer, und ebenso auch die zwei

Steinen im Wiesental, Gouache um 1850

folgenden Morgen, nachdem er jedesmal wieder auf dem Gottesakker eingegraben worden war. Darauf lud man den Sarg auf einen zweirädrigen Wagen, spannte zwei junge schwarze Stiere daran, welche noch kein Joch getragen hatten, und ließ sie laufen, wohin sie wollten. Stracks gingen sie auf den Häfnet-Buck, wo sie im unwegsamen Wald an einer Quelle stehen blieben. Hier nun verscharrte man den Sarg, wo er auch im Boden blieb. Das Fräulein aber geht dort um, und die Quelle heißt wegen ihr der Jungfernbrunnen. Bei Sonnenaufgang wäscht und kämmt sie sich da, aber auch Vorübergehende, die schmutzig und ungestrählt waren, hat sie schon im Brunnen gewaltsam gereinigt und mit derben Strichen gekämmt. Beim Schlößlein zeigt sie sich ebenfalls und pflegt dort im Bache ihr Weißzeug zu waschen. (72)

Vom Kloster Weitenau führt ein Waldweg auf den Häfnet (546 m). Hier befindet sich der Verbannungsort des Edelfräuleins, das Häfnet-Brünnlein.

STEINEN

DER KROMERSCHÜTZ

In Steinen im Wiesental lebte ein Mann namens Kromer. Weil er aber gern auf die Jagd ging, hieß man ihn den Kromerschütz. Er war ein wüster Geselle, der den Leuten eine unheimliche Angst einflößte. Sonntags, wenn die Leute zur Kirche gingen, hing er sein Gewehr um und ging auf die Jagd, schoß Hasen und Rehe und brachte so manches Wild heim.

Die Dorfleute wichen ihm aus, wo sie nur konnten. Kein Wunder! War doch einmal ein Knecht, der bei ihm in Diensten stand, am Morgen im Stall erwürgt gefunden worden. Viel Böses sagte man dem Kromerschütz nach, und wo ein Unglück geschah, war er schuld daran. Noch im Tode zeigte er seine ganze Wildheit und Schlechtigkeit. Als man ihn nach seinem Absterben vom Hause wegtrug, sagte jemand aus der Leichenbegleitung: „He do lugt er jo zum Fenster us!“ Die Leute schauten auf und sahen, wie der Kromerschütz aus dem Dachfenster seiner Wohnung seinem Leichenzug lachend und grüßend nachschaute. Die Leute, die später im Hause wohnten, erlebten böse Zeiten, denn bald hieß es im ganzen Dorf, der Kromerschütz geht um.

Eines Abends kam eine Kutsche gefahren mit Kapuzinern, und die sollen den Geist vom Kromerschütz in eine Flasche gebannt haben. Ein Mann trug dann diese Flasche in das Gewann Stockert und vergrub sie unter einer Eiche. Die Flasche, die anfangs leicht war, wurde ihm dabei so schwer, daß er sie fast nicht mehr tragen konnte, ja, daß er sich von der übermäßigen Anstrengung einen Leibschaden zuzog. Von dieser Zeit an wurde der Kromerschütz nicht mehr gesehen. (73)

HÄGELBERG

DER WILDE JÄGER WIRFT EINEN BAUERN VOM WAGEN

Einmal zog der wilde Jäger am Tage unsichtbar durch den Wald bei Hägelberg. Dabei begegnete er einem Bauern und rief ihn an, er solle ausweichen. Da dieser nicht gleich gehorchte, warf er ihn vom Wagen hinunter. (74)

HÄGELBERG

DAS TRINKTURNIER

Römer waren es, die den Weinstock hier zuerst pflanzten und sich an dem köstlichen Wein begeisterten. Nach ihrer Vertreibung nahmen die Alemannen die Rebberge, die sie wohlweislich verschont hatten, in Besitz. Von römischen Flüchtlingen erhielt Bacchus Kunde, daß sein Reich sich nun bis hart an den Hägelberger Wald erstreckte, und die dort seßhaften Alemannen besonders eifrige Verehrer von ihm seien. Der Weingott brach mit großem Gefolge auf, um seine Huldiger zu besuchen. Ein Trinkturnier wurde veranstaltet, das drei Tage und drei Nächte dauerte. In der dritten Nacht sank Gott Bacchus unter den Tisch, bezwungen von etlichen trinkfesten Hägelbergern. Die Rache des Gottes blieb nicht aus; mochten die Reben hier noch so sorgfältig gepflegt werden, der Wein ist seitdem sauer, und wer ihn trinkt, dem fließen vor Wehmut die Augen über. (75)

HÄGELBERG

DER VERIRRTE HERR VON RÖTTELN

Zur Zeit, als die Herren von Rötteln noch ihre Burg bewohnten, verirrte sich einmal ein junger Ritter auf der Jagd während eines Gewitters im Hägelberger Wald. Am anderen Morgen fand ihn ein Hägelberger Wellenmacher durchnäßt, durchfroren und ganz ermattet auf einem Baumstamm sitzend. Der Bauersmann führte den Verirrten nach Hause, gab ihm von seinen Kleidern und ließ seine nassen Ritterskleider auf der Kunst trocknen. Die Bäuerin bereitete ihm ein warmes Essen, sie behielten den hohen Gast auch über Nacht und gaben ihm ein gutes Bett. Am anderen Morgen zeigte ihm der Bauer den Weg zur Burg zurück. Beglückt über die freundliche Aufnahme und Betreuung, gab der edle Herr als Dank dem guten Bäuerlein seinen Degen zum Andenken. Der Gemeinde Hägelberg aber wurde als Anerkennung für die Lebensrettung und gute Pflege des Ritters der Wald bis auf die Scheideck als Eigentum überschrieben.

Eine andere Fassung lautet:

Der Herr von Rötteln sei auf der Jagd von Wilderern angegriffen und nur durch den Mut eines Hägelberger Bürgers gerettet worden. Dafür hätte dann der Burgherr den Hägelberger Bürgern den Wald geschenkt und als Urkunde seinen Ritterdegen dazu. (76)

MAULBURG

DAS UNTERGEGANGENE DORF ENIKON

Zwischen Maulburg und Wiechs soll vor dem Dreißigjährigen Krieg das Dorf Enikon gestanden haben. Es ist untergegangen; noch lange hat man die Hähne unter dem Boden krähen hören. (77)

MAULBURG

DER WILDE JÄGER

Ein Mann aus Maulburg im Wiesentale hörte einst den wilden Jäger jagen, indem er beständig sein „huhu!" hören ließ. Da kam es dem Mann in den Sinn, den wilden Jäger nachzuäffen und auch „huhu" zu schreien. Plötzlich warf dieser ihm einen Knochen zu und rief:

„Hasch mer helfe jage, muesch au helfe nage!"

Seit der Zeit ist der Mann krank geworden und endlich an der Auszehrung gestorben. (78)

MAULBURG

DIE UMGEHENDE HEBAMME

Vor etwa hundert Jahren lebte in Maulburg eine Hebamme, die man das Schuelkäter hieß. Sie hatte mit dem Teufel einen Vertrag geschlossen und ihm das jeweils zehnte Kind verschrieben, das mit ihrer Hilfe das Licht der Welt erblickte. Einmal wurde sie des Nachts nach Schopfheim zu einer vornehmen Frau gerufen und in einem Wagen abgeholt. Während der Fahrt hörte man eine Stimme, die rief: „Vergiß mer jo de Zehnte nit!" Als das Schuelkäter gestorben war, wurde sie auf dem Friedhof nahe bei der Kirche beigesetzt. Am anderen Morgen aber war der Sarg aus dem Grabe herausgeworfen; das geschah noch mehrmals, denn „der Boden het sie ebe nit dolt!" Ein Baum wurde an die Stelle ihres Grabes gesetzt, er wuchs nicht.

Ein anfangs der siebziger Jahre des 19. Jahrhunderts verstorbener alter Mann erzählte, er habe einmal in aller Frühe die Pferde gefüttert und am Brunnen getränkt, um Holz nach Basel zu fahren. Da habe er eine Gestalt auf der Treppe eines Hauses sitzen sehen, und wie er sie genauer betrachtete, war es das Schuelkäter. (79)

MAULBURG

DER GOLDENE WAGEN

Auf dem höchsten Punkt der sogenannten Mauerhalde bei Maulburg soll ein Schloß gewesen sein. Dort müssen noch Schätze im Boden liegen, die man schon mehrmals zu heben versuchte. Einige hatten den goldenen Wagen schon ans Tageslicht gebracht, da sagte einer: „Lüpfet no e bizzeli!" Sofort versank der Wagen wieder in die Tiefe, denn bei einem solchen Geschäft darf kein Sterbenswörtchen gesprochen werden. (80)

SCHWEIGMATT

DER WEISSE STEIN

Einst stand am Abhang des Berges Gleichen ein gewaltiger weißer Felsblock, der Weiße Stein, am Wege, um den sich viel Erde abgelagert hat. Als das Wiesental die Schrecken des Dreißigjährigen Krieges auch zu spüren bekam, hatten sich einmal die Schweden am Gleichen verschanzt. Ein vornehmer Junker ritt vom Tal herauf und wollte auskundschaften, was die Schweden vorhatten und mit ihnen im Guten verhandeln, damit das Land vom Krieg verschont bliebe. An seiner reichen Rüstung und dem Silberbeschläg an seinem Roßgeschirr konnte man wohl sehen, daß es ein hoher Herr war.

Dort am Weißen Stein war dichtes Gestrüpp, und daraus stürzten sich unversehens einige Räuber auf den Edelmann und erschlugen den jungen Ritter und auch sein Roß. Beide verscharrten sie am Weißen Stein, und keiner hat je erfahren, wer die Räuber waren. Noch lange nachher war der gefallene Junker als Wilder Reiter am Weißen Stein zu hören. Um Mitternacht begann ein starkes Rauschen, und weit über die Wälder war das Geschrei, das Trampeln von Roßhufen und das Klingen der Waffen zu hören. Mußte einer um diese Zeit den Weg gehen, so hat er um den Weißen Stein einen großen Bogen gemacht. (81)

SCHOPFHEIM

DER SILBERNE RING

Hinter Schopfheim, südlich dem Dorfe Hausen, erhebt sich die Hohe Möhr, und kleine Häusergruppen liegen am Fuße des Berges. Dort standen in uralter Zeit drei kleinere Burgen, eine davon auf dem Burghölzle beim Sattelhof, und alle drei waren durch Gänge verbunden.

Zu dieser Zeit wurde einmal das Wiesental von Feinden bedroht, und der Herr von der Burg auf dem Burghölzle zog mit seinen Leuten dem Haufen entgegen. Alle Männer vom Tal stellten sich bei der Wiese dem Feind zum Kampf, und es wurde hart gestritten, bis die fremden Soldaten auf der Flucht das Tal verließen. Doch die Burgfrau wartete vergeblich auf die Heimkehr ihres Gemahls. Man hatte ihr wohl berichtet, er sei im Kampf gefallen, aber das konnte und wollte sie nicht glauben. Als sie die Ungewißheit nicht mehr ertragen konnte, setzte sie sich auf ihr weißes Roß und ritt hinunter ins Tal. Sie wollte den Burgherrn um jeden Preis, ob lebend oder tot, wiederfinden, und wenn es nur eine Spur von ihm gewesen wäre. Aber soviel sie auch fragte und suchte, konnte sie auch in den folgenden Tagen nichts von ihm erfahren.

Als sie einmal gegen Abend wieder auf die Burg hinaufritt, begegnete ihr ein alter Mann, den sie auch nach ihrem Mann ausforschte. Dieser sagte ihr, sie möge endlich mit dem Suchen aufhören und den Toten ruhen lassen. Aber davon wollte die Burgfrau

Schopfheim, Stahlstich von 1844

nichts wissen. Von schweren Gedanken gequält, ritt sie weiter und sah plötzlich vor sich auf dem Weg etwas Helles blitzen. Sie stieg von ihrem weißen Roß und sah mit großem Schrecken auf dem Boden den silbernen Ring ihres Mannes liegen, den er stets getragen hatte. Doch als sie den Ring aufheben wollte, war er verschwunden, und an derselben Stelle sprudelte eine Quelle aus dem harten Boden heraus.

Von diesem Tage an und noch lange, lange später, sah man die Burgfrau zur Quelle hinabreiten, und stundenlang hielt sie sich dabei auf. Die Quelle wurde gefaßt und das Brünnlein „Silberbrünnli" geheißen. Seinem Wasser schrieb man wunderbare Heilkraft zu, und die Menschen holten von dem Brünnlein bis in unsere Zeit. Die Frau mit dem weißen Rößlein hat man aber schon lange nicht mehr gesehen. (82)

SCHOPFHEIM

DER MÖHRENGEIST

Der Möhrengeist macht die Wälder um die Hohe Möhr unsicher. Er ist ein wilder Geselle, ein Kerl wie ein Eichbaum, das Gesicht wie aus Leder mit vielen Runzeln, mit einem langen Bart und Fäusten voller Risse und Schrunden. Er sitzt am Wege, im Gebüsch oder auf einem Felsen, überall kann er auftauchen. Am besten geht man ihm aus dem Wege. Er hat es oft auf die Beerenweiber abgesehen, denen er die vollen Körbe ausschüttet. Holzaufkäufern legt er Wurzeln und Steine in den Weg, daß sie straucheln müssen. Pilzsuchern läßt er die Körbe bergabwärts rollen, aber da, wo sie anhalten, stehen plötzlich viele Pilze, denn er hat auch gute Seiten, meint es gut mit den Armen und macht seine Streiche oftmals auch wieder gut. (83)

Die Sage vom Möhrengeist gibt es in vielen Varianten. Sie ist heute noch in Schopfheim, Hausen oder Zell in der Bevölkerung lebendig.

SCHOPFHEIM

MÜHLSTEIN AM FADEN

Am Südabhange der Hohen Möhr liegt zwischen den Weilern Sattelhof und Kehrigraben ein waldbedeckter Hügel, der heißt Burgwäldle, weil auf ihm einmal eine Ritterburg gestanden hat. Jetzt sind davon freilich nur noch kümmerliche Mauerreste vorhanden. In dem Burgwäldele sind noch unterirdische Gänge, und darin liegen große, verwunschene Schätze. Aber niemand kann mit Vorsatz oder Gewalt hineindringen, und wem sich die Gelegenheit freiwillig bietet, hineinzukommen, der muß sie ausnützen, denn zum zweiten Male käme er bös weg. Das hat vor einiger Zeit auch einmal ein Knecht vom Sattelhof erfahren.

Der ging in der heiligen Christnacht an dem Burgwäldele vorbei und erblickte plötzlich zur Seite des Weges in der Hügelwand einen höhlenartigen Gang, aus dessen Tiefe ein großer Geldhaufen herausleuchtete. Schon wollte der Knecht in den Gang stürzen, um den Schatz zu holen, da sah er über dem Eingang einen großen Mühlstein an einem dünnen Faden hängen. Auf dem Mühlstein aber stand ein häßlicher Zwerg und machte Miene, den Faden mit einer großen Schere zu durchschneiden. Da ergriff den Knecht ein Schauder, und er rannte davon. Hintennach reute ihn die Sache, und in der nächsten Christnacht eilte er wieder zum Burgwäldele. Da zeigten sich der Gang, der Geldhaufen und der Mühlstein wieder. Aber der Mühlstein kümmerte diesmal den Knecht nicht. Er stürzte auf den Schatz zu, und kein Mensch hat den Burschen je wieder gesehen. (84)

SCHOPFHEIM

DER SENGELEBRUNNEN

Südlich von Schopfheim, an der Straße nach Dossenbach, liegt das Sengelewäldele. Hierher geht zuweilen der Wanderer, um aus der oberhalb sprudelnden Quelle, dem Sengelebrunnen, zu trinken. Der Genuß des Wassers macht Schopfheim dem Fremdling zur nie vergessenen, stets teuren Heimat. (85)

OBERES WIESENTAL

ZIGEUNER MACHEN DIE GEGEND UNSICHER

Es mag hundert Jahre her sein, daß sich im oberen Wiesental eine Sippschaft von fünf Zigeunern umhertrieb. Sie besuchten besonders die einsamen Höfe und ernährten sich mit Wahrsagen, Betteln und Stehlen. Dies erleichterten sie sich dadurch, daß einige mit einem Musikinstrument die Leute in die Stube lockten, und während sie ihren Marsch spielten, welcher lautete: „Tummelt euch drin, tummelt euch draus!“ konnten die andern in Küche und Keller ungestört einpacken.

Eines Nachmittags begehrte das Zigeunerweib von einer Bäuerin Milch, und als diese antwortete, sie habe keine, sprach das Weib im Fortgehen: „So sollt ihr auch keine haben!“ Beim Melken am Abend erhielt die Bäuerin von ihren sämtlichen Kühen keinen Tropfen Milch. Wegen all diesem Unfug ließ endlich die Obrigkeit die Zigeuner in Zell einsperren und verurteilte sie zum Tode.

Unter starker Bedeckung wurde sie aus dem Gefängnis geführt, um zum Hochgericht zu gehen. Aber kaum hatten sie die bloße Erde betreten, so waren sie verschwunden. Durch eine im weiten Umkreis durchgeführte Streife fing man sie zwar wieder ein, aber als man sie hinrichten wollte, waren sie wieder verschwunden. Dadurch sicher gemacht, ließen sich die Zigeuner nach einiger Zeit wieder in der Gegend sehen, und da sie ihr früheres Unwesen fortsetzten, wurden sie wieder festgenommen.

Damit sie sich jedoch diesmal nicht der verdienten Strafe entziehen konnten, ließ man sie nicht mehr auf die bloße Erde treten, sondern brachte sie über eine Brücke aus dem Gefängnis auf den Sünderkarren und ebenso von diesem auf das Blutgerüst. Weil unter ihnen eine Jungfrau von außerordentlicher Schönheit war, ließ die Obrigkeit ausrufen, wenn jemand das Mädchen heiraten wolle, so solle er vortreten und sie in Empfang nehmen, es würden ihr dann Leben und Freiheit geschenkt. Nicht ohne Hoffnung sah sich die Jungfrau nach einem Retter um, aber aus Furcht vor ihrer Zauberkunst meldete sich keiner, und so wurde sie mit den vier anderen Zigeunern enthauptet. Die Wiese, auf welcher dies geschah, wird heute noch die Heidenmatte genannt. (86)

OBERES WIESENTAL

DIE BÄUERIN UND DIE KRÖTE

Ein Bauer hatte eine Frau und eine Magd. Wenn die drei auf dem Felde arbeiteten, dann mußte gegen Mittag die Frau oder die Magd heimgehen und kochen und das Essen auf das Feld bringen; meistens aber ging die Frau. Und wenn sie heimging, dann war es wunderbar, wie schnell sie wieder mit dem Essen kam.

Und das Essen war immer gut. Wenn aber die Magd kochen mußte, dann ging es immer viel länger, und das Essen war dann auch lange nicht so gut. Darüber brummte der Meister und sagte einmal: „Lueg au zue, wie d' Meischteri kochet un mach's au e so!“ Das ärgerte die Magd, die schon lange mißtrauisch auf die Kocherei der Bäuerin war. So paßte sie ihr heimlich auf. Da bemerkte sie, wie die Meisterin mit einer Schüssel in den Keller ging und schlich ihr leise nach. Im Keller aber sah sie, wie aus der dunkelsten Ecke eine ungeheure Kröte der Meisterin entgegenhüpfte. Dieser stellte die Frau die Schüssel hin und sagte: „Krot, sch . . . mir Knöpfli!“ Und sofort hatte sie ein ganze Schüssel voll der schönsten Knöpfli. Der Magd aber wurde ganz übel, und sie hätte in dem Hause keinen Bissen mehr essen können. Erst sagte sie dem Bauer noch die Sache und ging dann am selben Tage noch aus dem Hause. Die Bäuerin aber hatte das letzte Mal für das Essen gesorgt. (87)

HAUSEN IM WIESENTAL

ERDMÄNNLEIN HELFEN IN DER HAMMERSCHMIEDE

Die Erdmännlein hatten bei Hausen eine kleine Höhle, man hieß sie nur das Erdmännleinsloch. Die Erdmännle kamen nachts öfters in die Hausener Hammerschmiede und arbeiteten wacker mit. (88)

ZELL IM WIESENTAL

REITER MIT GEISSFÜSSEN

Ein Mann aus Zell erzählte: „Als ich in einer Winternacht auf dem Heimwege in der Hausener Hammerschmiede eingesprochen hatte, hörte ich nach elf Uhr einen Reiter herankommen, in dem ich einen Begleiter zu finden hoffte. Ich machte die Türe auf und sah im Schein des Schmiedefeuers draußen einen

Rappen vorbeischreiten, welcher seinen auf der anderen Seite neben ihm gehenden Reiter fast ganz verdeckte. Nur so viel konnte ich wahrnehmen, daß dieser Ziegenfüße hatte. Neugierig folgte ich ihm nach und war, da er sehr langsam ritt, bald nicht mehr weit von ihm entfernt. Plötzlich stürzte er mit seinem Pferde links in den Straßengraben.

Erschrocken lief ich zu ihm und fragte, ob ich ihm helfen solle, erhielt jedoch keine Antwort, und im Graben war alles mausestill. Da machte ich mich weiter, aber bald hörte ich den Reiter mir nachsprengen. Um ihn im Vorüberreiten zu betrachten, blieb ich stehen, aber da hielt auch er, bis ich wieder weiterging. Ebenso machte er es, als ich ihn bei der Ziegelhütte erwartete. An der Zeller Kapelle stellte ich mich zum dritten Male auf, um ihn beschauen zu können, aber sobald er in ihre Nähe kam, warf er schnell sein Pferd herum und jagte das Tal hinunter, daß die Funken umherstoben. Jetzt wußte ich, daß der Reiter ein böser Geist war, welchen das Gotteshäuslein davonscheuchte.“ (89)

ZELL IM WIESENTAL

DAS HEIDENSCHLOSS

Bei Zell stand in alten Zeiten, als das Heidentum noch im Tale herrschte und erst wenige Einwohner den christlichen Glauben angenommen hatten, ein Schloß am Bergabhang links von der Wiese. Es war stark und stolz erbaut und mit dem Tal durch eine Brücke verbunden. Dieses Schloß bewohnte ein heidnischer Ritter mit seiner Tochter, die viel für die Armen tat. Der Vater zürnte ihr deswegen, aber die Tochter ließ sich nicht abhalten, in seiner Abwesenheit mit Körben, gefüllt mit Brot und Wein, hinabzugehen ins Tal nach Zell, um in armseligen Hütten kranke Frauen und alte Männer zu pflegen und ihnen Speise und Trank darzureichen.

Eines Abends bemerkte der Vater, daß trotz seines Verbotes die Tochter wieder hinabgegangen war ins Tal, und er schwor, sie in den Kerker seines Schlosses sperren zu lassen, bis sie von ihrer Mildtätigkeit ablasse. Am dritten Tag, an dem das Mädchen in dem finsteren Gemach schmachtete, bebte die Erde und begrub das herrliche Schloß unter sich. Der Vater und die gesamte Dienerschaft wurden verschüttet. Nur die mildtätige Tochter blieb wunderbarerweise am Leben. Sie wurde Christin und trat in das neugegründete Kloster Säckingen ein, wo sie ein heiligmäßiges Leben führte. (90)

ZELL IM WIESENTAL

ZAUBERMELKEREI

Ein Steinhauer aus Zell erzählte: „Ehe ich Meister war, schaffte ich eines Winters in einer Steingrube bei Rheinfelden. Neben mir arbeitete ein Geselle, der, wenn er Durst hatte, seinen Spitzhammer in den Gerüstbalken schlug, auf dem sein Arbeitsstein lag, und dann aus dem Stiele des Hammers Milch in seinen Filzhut molk und daraus nach Herzenslust trank. Als er mir auch einmal zu trinken anbot, dankte ich, weil ich nicht wußte, was das für Milch sei. Darauf erwiderte er: „Dies ist gewöhnliche Kuhmilch; der Bauer, welchem die Kuh gehört, weiß aber nicht, warum sie ihm so wenig Milch gibt, und noch weniger, daß er mich, einen Steinhauer, zum Melker hat." (91)

GERSBACH

DURCH EIN KREUZLEMESSER VERWUNDETE HEXE

Ein Mann wurde von Hexen geplagt. Er legte sich daher nachts ein offenes Kreuzlemesser auf die Brust. Am anderen Morgen sah er, daß eine Nachbarsfrau die Hände verbunden hatte. Sie war die Hexe gewesen und hatte sich die Hand durchschnitten, so schlimm, daß es monatelang nicht heilen wollte.

Übler noch ging es einer Hexe, die einem Hexenbanner in die Hände fiel und von ihm so zugerichtet wurde, daß sie ihr Leben lang gekrümmte Finger davontrug. (92)

GERSBACH

DIE MENEBAUERN

Eine Gräfin von Hatz soll einst Gersbach und die umliegenden Waldungen besessen und etwa zwanzig Zinsbauern auf ihren Höfen gehabt haben. Durch der Gräfin Vermächtnis kam der Hof Gersbach und die zugehörigen Güter nebst 3247 Morgen Wald an diese zwanzig Zinsbauern. Sofort wurde die Erbschaft in sogenannte Menen zu je 90 Morgen eingeteilt. Die 25 Menebauern nahmen Taglöhner für den Bau ihres Gutes zu Hilfe, welche mit der Zeit teils selbst zu Reichtum und Ansehen gelangten, teils auch infolge ehelicher Verbindung mit den Familien der Menebauern rechtliche Ansprüche an Menewald und Menefeld erwarben und geltend machten. Der Rechtsstreit dauerte mit verschiedenen Unterbrechungen mehr als 200 Jahre. 1835 ließen sich die Menebauern bestimmen, 1387 Morgen Wald zu Gemeindewald abzutreten; um den Anteil an dem Menefeld aber dauerte der Prozeß noch lange Zeit. (93)

mene = mittelhochdeutsch Fuhr und Zugvieh, wovon meneweg = Fahrweg kommt

GERSBACH

DIE MARKGRÄFIN IM HOTZENTAL

Z'Gersbach, im Hotzewald zue, gits witverstreuti uralti Höf. Dört het emol e Markgröfi gern uf ihrem große Hof glebt, un a e Mühli isch derbi gsi. In guete Zite het die Markgröfi z mahle gnueg gha. Do isch aber emol e ganz schlechti Zit cho und dermit e großi Hungersnot. Kei Chorn un drum au niene meh kei Brot hets gee. Au d'Markgröfi het Hunger liide müeße wie alli andere. Si het nümi gwüßt, wu si Brot herneh soll für ihri Chinder un für ihri Lüt.

E steinerni Stapfle isch zue irem Hus ufegange, do isch si in ihrer Not obe druf gstande un het grüeft, derjenig, wu ihre e Laib Brot bringe chönn, krieg vu ihre e Stuck Feld oder Wald. Do het e mänke Bur vu siim wenige Brot gnu, hetzs zu der Markgröfi trait un het derfür e groß Stuck Feld oder Wald vu ihre gschenkt kriegt. Erst wu si alles verschenkt gha het, sin wider besseri Zite chu. D'Markgröfi isch furtgange un isch nie meh uf Gersbach chu. So sin d' Gersbacher zue ihre große Höf chu, wu si hüte noh hän. (94)

GERSBACH

DAS FRONFASTENWEIB MIT SCHMAUSENDEM GEFOLGE

In Gersbach besuchte ein Fronfastenweib abends mitunter einzelne Häuser mit durchgehendem Hausgang. Ihr Besuch galt als segensreich, und deshalb ließ man an solchen Häusern die vordere und die hintere Türe aufstehen, damit das Fronfastenweib mit ihrem Gefolge durchziehen konnte. Ein Mann, bei dem das Fronfastenweib häufig durchs Haus ging, bemerkte dabei, daß es in Küche und Keller rumorte. Einmal lauerte er auf der Feuerbühne dem Treiben auf und sah, wie das Fronfastenweib mit ihrem Gefolge einen seiner Stiere schlachtete. Da rief er: „Geb mir auch einen Stotzen!" Der Spuk war darauf sofort verschwunden, am anderen Tage aber fehlte seinem Stier die hintere Keule. (95)

GERSBACH

DER GLOCKENFELSEN IM WEHRATAL

Als Gersbach in alter Zeit vom katholischen zum protestantischen Glauben überging, flogen die geweihten Glocken aus dem Kirchturm heraus und über Feld und Wald hinunter ins Wehratal. Dort befindet sich ein riesig hoher Felsen. Der öffnete sich und nahm die Glocken auf. Davon heißt der Felsen heute noch Glockenfelsen, und wer Glück hat, der kann heute noch drinnen im Felsen die Glocken läuten hören. (96)

ADELSBERG

FRONFASTENWEIBER

In Zell hatte ein Adelsberger Mann für seine niedergekommene Frau ein Fäßlein guten Weines gekauft und wollte es in der Nacht heimtragen. Unterwegs sah er aus der Ferne einige Frauen herbeikommen, die er an ihren weißen Schleiern als Fronfastenweiber erkannte. Schnell verbarg er das Fäßlein in dem Weggraben und sich selbst eine Strecke davon hinter einer Staude. Als die Weiber zu dem Fäßlein kamen, lagerten sie dort, tranken lustig daraus und entfernten sich erst nach einer guten Weile. Betrübt ging nun der Mann zu dem Fäßlein, welches er halb ausgetrunken meinte, aber beim Aufladen fand er es nur wenig leichter geworden. Zu Hause zapfte er lange Zeit daraus, und als es gar nicht leer werden wollte, schaute er endlich hinein. Da war nichts mehr darin. Hätte er nicht hineingesehen, wäre das Fäßlein niemals leer geworden. (97)

Die Fron- oder Quatemberfasten treten viermal im Jahre ein, in der ersten Fastenwoche, der Pfingstwoche, der dritten Woche im September und der dritten Adventswoche. In den Fronfasten sind die Geister am unruhigsten und gefährlichsten. In Baden fahren die Fronfastenweiber auch gruppenweise herum. Sie dulden nicht, daß man an Fronfasten arbeitet.

FREIATZENBACH

BRENNENDE MÄNNER

Auf den Matten und Äckern des Wiesentales erscheinen in manchen Nächten brennende Männer, die zu Lebzeiten durch Versetzung der Marksteine ihre Grundstücke betrügerisch vergrößert haben. Mit Blitzesschnelle fahren sie von einem Ort zum andern, springen den Leuten, die etwas tragen, obendrauf und lassen sich mit fortschleppen. Einem Bauern von Freiatzenbach, welcher mit einem Sacke Mehl aus der Zellermühle heimging, setzte sich ein solches Gespenst auf den Sack und ließ sich, immer schwerer werdend, bis an dessen Haustüre tragen. Als auf des Bau-

Wiesental, Zeichnung von Carl Ludwig Fahrbach, 1877

ern Klopfen von seiner Frau geöffnet wurde, rief diese aus: „Was Teufels hast du denn auf dem Sack?“ Da verließ das Gespenst den Bauern. Dieser hatte wohl gemerkt, daß er außer dem Mehl noch einen brennenden Mann auf dem Rücken getragen hatte. (98)

HÄG

DAS HÄGER KREUZ

An einem Abend des Jahres 1777 sprach bei dem Besitzer der alten Häger Mühle ein wandernder Handwerksbursche vor und bat um ein Nachtlager. Dies wurde ihm gerne gewährt. Als sich der Handwerksbursche nach der einfachen Abendmahlzeit mit dem Müller und seinen Familienangehörigen unterhielt, ergab sich aus dem Gespräch, daß er ein Bildhauer war. Nun hatte der Müller schon lange den sehnlichsten Wunsch, zum Dank für seine

Genesung von schwerer Krankheit ein steinernes Kreuz anfertigen und an der Landstraße aufstellen zu lassen. Er bat daher den Handwerksburschen, ihm diesen Wunsch zu erfüllen, und dieser willigte gerne ein, da er sein Werkzeug im Felleisen mit sich führte.

Im Schopf der Mühle machte er sich ans Werk. Niemand durfte seiner Arbeit zuschauen. Einige Wochen vergingen, bis das Werk vollbracht war. Bei der Enthüllung waren alle Anwesenden voll Bewunderung für die herrliche Kreuzgruppe, bestehend aus einem Kreuz von rotem Sandstein mit den Leidenswerkzeugen Christi und einem Standbild Mariens und des heiligen Johannes.

Der Bildhauer war ein rätselhafter Geselle. Er ließ sich in Atzenbach nieder, heiratete und bekam drei Kinder. Niemand wußte seinen Namen, selbst seine Frau nicht. Eines Tages verschwand er, und niemand hat ihn je wieder gesehen. (99)

KÄSERN

GOLDTINKTUR

Vor sechzig Jahren lebte in Käsern ein Mann, welcher die Goldtinktur aus Amerika mitgebracht hatte. Er arbeitete nichts, saß Tag und Nacht in den Wirtshäusern und spielte um Goldstücke, die sein gewöhnliches Geld waren. Wenn er solches bedurfte, kaufte er auf dem Werke zu Hausen Eisenstäbchen, verwandelte sie durch Bestreichen mit der Tinktur in Gold und ließ sich daraus in Basel Münzen schlagen. (100)

PFAFFENBERG

FUSSSTAPFEN IM FELSEN

Hoch oben auf dem Pfaffenberg bei Mambach wurden einmal zwei Ochsen, die vor einen Fruchtwagen gespannt waren, scheu, sprangen vom Weg ab und schossen den steilen Abhang gegen das Wiesental hinunter. Ihr Herr, der vorne am Wagen

Mambach, Zeichnung von Josef Victor von Scheffel, 1850

war und mit fortgerissen wurde, gelobte eine Wallfahrt nach Maria-Einsiedeln, wenn er und sein Vieh gerettet würden. Da blieb er mit seinem Fuhrwerk auf einem Felsen, weit unten am Berg, unverletzt stehen. Seine Füße, die Hufe der Ochsen und der Peitschenstiel, auf den er sich zu stützen suchte, hatten sich in den harten Stein wie in weiches Wachs eingedrückt. In dem Felsen, welcher der Bettlerfelsen heißt, sind die Eindrücke heute noch zu sehen. (101)

MAMBACH

DER GEISTERSPÖTTER

Drei starke Burschen gingen einmal in Mambach nachts z'Liecht. Sie kamen an ein Brücklein, wo es nicht geheuer war, denn ein Geist ging an der Stelle um. Da rief der Bursche, der in der Mitte ging, höhnisch aus: „Gott verdammi, wenn ne Geist do isch, söll er cho!" Aber dem erging es übel. Seine beiden Kameraden sahen, wie er aus ihrer Mitte weg in die Luft emporgerissen wurde, immer höher und höher. Eine Zeitlang hörten sie noch sein Heulen und Schreien, dann wurde es still. Den Zurückgebliebenen war es aber nicht mehr darum, z'Liecht zu gehen; sie liefen voller Schrecken eilends heim. Den dritten Burschen aber fand man am anderen Morgen weit von dem Orte weg jammernd und klagend auf einem Steinhaufen liegend. Er hatte beide Beine gebrochen. Mit dem Leben kam er zwar davon, behielt aber kranke Beine bis zu seinem Tode. (102)

SCHÖNAU

DIE SCHÖNAUER GLOCKE UND BASEL

Für das Münster zu Basel und die Kirche zu Schönau wurden die gleichen Glocken gegossen, und beide hatten einen gleich schönen Klang. Da sollen die Basler einst einen Abgesandten des Papstes fortgejagt und, als er wiederkam, in den Rhein geworfen haben. Zur Strafe dafür wurde Basel von einem Erdbeben heimgesucht, das auch den Glockenturm erschütterte, so daß ein Teil mitsamt der schönen Glocke Luzia in den vorbeifließenden Rhein stürzte. Nun wollten sich die Basler die Schwester ihrer versunkenen Glocke aneignen, um so mehr, da man deren herrliches Geläute zu Basel auf der Rheinbrücke vernehmen konnte. So zogen sie also hinüber in den Schwarzwald und nahmen zu Schönau die Glocke weg, brachten sie aber nur bis zum roten Kreuz. Als die Basler unverrichteter Dinge abziehen mußten, hängten die Schönauer schnell ihre Glocke wieder auf, und sie gaben den Herren aus der Großstadt noch das Geleite mit den Worten:

„Mi Schwester Luzi
Lit zu Basel im Rhi;
Si wird nimme ufecho
Bis Basel katholisch wird si.“

Da die Schönauer Glocke Felder und Wald vor Hagel und Sturm behütet, soll sie die Inschrift tragen:

„Susanne heiß i,
Die schwere Wetter weiß i,
Zieh mi bi Zite an,
Daß i die schwere Wetter verdriebe cha!“ (103)

SCHÖNAU

BESTRAFTE LÄSTERUNG

Als im Dreißigjährigen Krieg die Schweden Schönau angezündet hatten und dann weiterzogen, wandte sich einer ihrer Anführer auf dem Pferde um und rief auf die Kirche zeigend: „Seht doch, wie das Geißhaus brennt!“ In dieser Stellung erstarrte er, und das Leben floh aus seinem Körper. Er wurde im Gurgelwald bei Schönau in voller Rüstung begraben. Noch heute kann man dort einen Stein sehen, der Schwedenstein genannt wird. In diesen Stein ist ein Kreuz eingemeißelt. (104)

SCHÖNAU

DER KLEPFSTEIN

Mit Bangen unternahmen die Kinder von Schönau ihre erste Wallfahrt nach Todtmoos, denn auf dem Weg dahin, im Fuchswald, befindet sich ein Felsen, der sogenannte Klepfstein. Er wird von einem Bären bewacht, und jeder, der zum erstenmal nach Todtmoos pilgert, muß durch einen Biß in diesen Stein seine Würdigkeit erproben. (105)

SCHÖNENBERG

DER UNTERIRDISCHE SEE

Alte Leute wissen zu berichten, daß Schönenberg auf einem See steht. Er wird von dem Bach gespeist, der von der Hängenden Matte kommt, oberhalb Schönenberg verschwindet und unterhalb davon als starke Quelle wieder heraustritt. Die Öffnung des Sees ist durch eine Vorrichtung verschlossen, die nur an einem Faden hängt. Ist dieser durchgefault, steigt der See heraus und reißt im Absturz Schönenberg ins Tal hinunter auf Schönau. (106)

SCHÖNENBERG

DIE SILBERGRUBEN

Vor Zeiten waren in Schönenberg mehrere ergiebige Silbergruben nebst einem Goldbergwerk, und Wohlstand herrschte in der ganzen Gegend. Da diese keine eigene Pfarrkirche hatte, stiftete eine reiche Grubenbesitzerin einen halben oder, wie andere sagen, einen ganzen Sester Silber für den Bau einer Kirche. Hiermit konnte das Gotteshaus ohne den Turm aufgeführt werden. Es kam aber statt auf den Schönenberg, wo die Frau wohnte, nach Schönau, damit die Talbewohner ihre Toten nicht auf die beschwerliche Höhe bringen müßten. In der Kirche erhielten die Schönenberger als die Hauptstifter gewisse Vorrechte; auch übernahm es die Gemeinde, vor jedem Sonn- und Feiertag den Weg, das sogenannte Silbergäßle, von der Wohnung der Bergfrau bis hinunter zum Gotteshaus sauber abzukehren.

Als es nachmals Krieg gab, verschütteten die Bergleute alle Gruben, doch hatten sie zuvor ihr Arbeitszeug darin verborgen, um es vor dem Feind zu sichern. Sie hofften, die Gruben später wieder öffnen zu können, aber das Landsterben brach herein und ließ niemanden übrig, der die Bergwerke wiederzufinden wußte. Damals war die Sterblichkeit so groß, daß von Wieden, Geschwend, Utzenfeld und Präg nur noch drei Ehepaare in ihre Pfarrkirche nach Schönau kamen. Die Wiedener führten viele Leiterwagen voll mit Toten

Bei Schönau im Wiesental, Zeichnung von Hans Thoma, um 1864/65

auf den Schönauer Gottesacker. Einmal fiel ihnen unterwegs bei der Königshütte ein Leichnam vom Wagen, und davon heißt der Ort noch heute der Totenhügel. (107)

SCHÖNENBUCHEN

DIE SCHLACHT BEI SCHÖNENBUCHEN

Im Dreißigjährigen Krieg zog ein Heer der Schweden aus dem oberen Wiesental feindlich gegen Schönau heran. Als sie dessen Kirchturm erblickten, rief ihr Anführer: „Pfeifer, pfeif' auf, wir sehen das Schönauer Geißhaus!" und rascher rückten sie nun vorwärts. Auf den Bergen bei Schönenbuchen aber standen Engel, die wie Schwarzwälder gekleidet waren, und warfen den Andringenden unbemerkt kleine vierspitzige Eisen in den Weg. Da diese in jeder Lage eine Spitze in die Höhe streckten, so drangen sie den darauftretenden Pferden in die Hufe, wodurch diese scheu wurden und das Heer in Verwirrung brachten. Die vorderen Truppen gaben den nachfolgenden, diese jenen die Schuld. Sie gerieten miteinander ins Handgemenge und rieben sich bis auf den letzten Mann auf. Von ihrem Blute rötete sich die Wiese bis nach Kleinhüningen. Schönau war nun gerettet, und zum Danke stifteten seine Bewohner ein Abbild der Schlacht nach Schönenbuchen, welche nebst einigen vierspitzigen Eisen sich noch jetzt dort befinden.

Eine andere Fassung lautet:

Ein Teil des Heeres des Herzogs von Armagnak, eines französischen Feldherrn, unternahm einen Streifzug über den Schwarzwald in der Absicht, im Kloster St. Blasien reiche Beute zu machen. Dabei kam das Heer bis in den hintersten Teil des Wiesentales. Die Soldaten, es waren Reiter, nannte man Armenziazi, Armagnaken oder arme Gecken, auch Walchen, Schnacken oder Schinder. Um das Vordringen und den Aufenthalt dieser unheimlichen Gäste zu verhindern und sie zu vertreiben, fertigten die Talbewohner kleine sternförmige, vierspitzige Wurfeisen, so daß immer eine Spitze in die Höhe stand, man mochte sie werfen wie man wollte. Diese streuten die Talbewohner auf die schmalen und schlechten Wege, wo die Wurfeisen dann in die Hufe der Pferde eindrangen. Die Pferde wurden scheu, und die Reiter, die nicht wußten, woher dies kam, gingen erbittert aufeinander los, mordeten sich gegenseitig und richteten ein so entsetzliches Blutbad an, daß das Wasser der Wiese vom Blute rot gefärbt wurde. (108)

Die Armagnaken waren zügellose französische Söldnertruppen eines Grafen von Armagnac (Südfrankreich) und standen später im Dienste Königs Karl VII. Dieser schickte sie 1444 gegen die Schweizer Eidgenossen, um sie loszuwerden. Nach einem Sieg über die Schweizer bei St. Jakob a. d. Birs plünderten sie im Oberland und im Elsaß, bis sie vom Pfälzer Kurfürsten verjagt wurden.

SCHÖNENBUCHEN

SPUREN DES HEILIGEN PETRUS

Vom Sandbühl auf dem Belchen trat einst der Apostel Petrus mit einem Schritt ins Wiesental hinab und fiel dann betend auf sein rechtes Knie nieder. Davon ist auf dem Sandbühl noch der Eindruck seines Fußes zu sehen, und auch seine Kniespur ist deutlich in einem Felsen bei Schönau zu erkennen. Darüber hat man die Kapelle Schönenbuchen erbaut, und noch heute pflegen die Wallfahrer in die Spur des Heiligen niederzuknien. (109)

TODTNAU

DIE TOTE AU

Todtnau soll einst gänzlich ausgestorben gewesen sein. Da nun auf einmal alle dort wohnenden Menschen dahingestorben waren, soll der menschenleere Ort „tote Au" genannt worden und daraus der Name Todtnau entstanden sein. Vorher hatte der Ort Reichenau geheißen, von dem reichen Bergbau herrührend. (110)

TODTNAU

DIE MAUS

An einer Gebirgsstelle bei Todtnau schürfte ein Bergmann längere Zeit vergebens nach Erz. Als er einst von der Arbeit ausruhte, sah er aus einer Felsenspalte eine Maus schlüpfen. Sie lief zu dem Brot, welches er für sich mitzunehmen und neben sich auf den Boden zu legen pflegte, und begann es aufzufressen. Da schleuderte er sein Fäustel nach ihr, traf aber die nahe Bergwand und warf ein großes Loch hinein. Aus diesem blinkte ihm ein mächtiges Lager gewachsenen Silbers entgegen, welches ihn auf einmal zu einem reichen Mann machte. Zum Dank gab er der Grube den Namen die Maus, unter dem sie heute noch bekannt ist.

Durch langes fruchtloses Schürfen an einer Bergstelle bei Todtnau war ein Bergmann um sein und seiner Frau ganzes Vermögen gekommen. Dennoch verlor er nicht den Mut und ging eines Morgens mit neuer Hoffnung in die Grube. Darin sah er ein weißes

Mäuslein in eine Felsspalte schlüpfen, was er für einen Wink des Himmels hielt. Er erweiterte die Spalte und fand dahinter reichen Anbruch. Zum Danke nannte er das Bergwerk die Maus. Es war viele Jahre von großer Ergiebigkeit, wird aber gegenwärtig nicht mehr betrieben. (111)

TODTNAU

DAS ERLÖSCHEN DER BERGWERKE

Die Todtnauer und Schönauer waren ein herrliches, riches Volk, welches us grossem Richtumb un Güt, so sy von dem Bergwerk gehebt, mit Silberkleinotern und anderm Überfluß ain semlichen Mutwillen getriben, daß sich das Glück des Bergwerkes von jnen gewent hat.

Das Erliegen der Bergwerke zu Todtnau soll hauptsächlich dadurch bewirkt worden sein, daß sich der Schacht plötzlich mit Wasser gefüllt hat. Ein Mann aus Fahl, namens Herr, soll einst darin gearbeitet und einen Schuß abgefeuert haben, worauf augenblicklich Wasser hervorsprudelte. Er soll eine Ader im Felsen getroffen haben, wodurch das Wasser hervorbrach, das den Schacht ausfüllte. (112)

TODTNAUBERG

DER SCHATZSTEIN

Kaum hundert Meter von den Wasserfällen bei Todtnauberg entfernt liegt ein eigenartiger, mächtiger Felsblock, der Schatzstein. Er trägt merkwürdige, eingemeißelte Zeichen. Man sagt, hier sei aus den Zeiten der Franzosenkriege ein Kriegsschatz verborgen. Schon wochenlang hat man danach gegraben, meist in der Fastenzeit, freilich immer ohne Erfolg. Erst in jüngster Zeit haben einige Männer die Grabarbeiten wieder fortgesetzt. Von den rätselhaften Zeichen glauben manche, es seien die Maße, die man nur richtig erkennen müsse, um die genaue Lage des Schatzes bestimmen zu können. Eine ältere Überlieferung sagt, daß eine alte Todtnauer Familie, die in der Nähe des Schatzsteines begütert war, um 1800 einen Brief von einem französischen Offizier aus Nancy erhalten habe. Der war einst bei der Familie im Quartier gelegen und schrieb nun, an einem bestimmten Ort, soundso weit vom Wasserfall, habe sein Regiment bei der Überrumpelung durch die Österreicher viel Geld vergraben müssen. Begreiflich, daß man daraufhin mit aller Anstrengung nach dem Schatze suchte. (113)

FAHL

WIE DER ORT ZU SEINEM NAMEN KAM

Fahl heißt der hinterste Winkel des Wiesentales, am Fuße des Feldberges. Wegen des sonderbaren Namens werden die wenigen Bewohner des Ortes oft verhöhnt. Als unser Herrgott, so wird erzählt, die Erde schuf und in die einsame Gegend kam, da ließ er auch noch etwas Samen fallen. „Da, fahl au no abi!" sagte er gutmütig, und seither heißt der Ort der Fahl. (114)

FELDBERG

DER FELDSEE

Der Feldsee hat eine düstere, geheimnisvolle Lage und ist mit seiner zauberischen Umgebung die Wohnstätte vieler geistiger Wesen, die uns überall an ähnlichen Orten begegnen. Es sind dies wohl die Geister, die durch Gebete und Zeremonien heiliger und frommer Personen aus verschiedenen Orten dorthin verbannt wurden. Als nun jemand so neugierig war und die Größe des Geisterschlosses im Wasser erforschen wollte, sollen jene aus der Tiefe gerufen haben: „Wenn du mich willst messen, so will ich dich fressen!" Darauf ließ der Mann von seinem Vorhaben ab, und seitdem bleiben die Geister dort in Ruhe. (115)

FELDBERG

DER JÄGER

Nicht ferne vom Feldberg, über einer der einsamsten Schluchten des Schwarzwaldes, sieht man noch das zerbröckelte Gemäuer einer alten Burg, deren Namen verloren gegangen ist. Der letzte Bewohner des Schlosses war ein reicher Graf, der außer dem Waidwerk keine andere Lust und Beschäftigung kannte. Er hegte das Wild in seinen Forsten so gut, daß es die Felder der umwohnenden Bauern gänzlich verwüstete und viele arme Leute darüber Hungers starben.

Einst trieb er sich am Vorabend eines kirchlichen Festes wie gewöhnlich bis tief in die Nacht im Walde herum, kam dabei von seinem Gefolge ab und verirrte sich in eine ihm völlig unbekannte Gegend. Umsonst gab er sich alle Mühe, einen Pfad zu entdecken; die Wildnis wurde immer verwachsener, und ihm blieb zuletzt kaum so viel Kraft, sich durch das dichte Gestrüpp hindurchzuarbeiten. Endlich kam er um Mitternacht auf einen freien Platz im tiefsten Forste, wo er sich auf den Rasen niederwarf, um zu rasten. Da vernahm er ein Rauschen und Stöhnen in den Gebüschen und griff rasch nach seinem Jagdspieße. Seine Hunde begannen so ängstlich zu winseln und sich hinter ihm zu verkriechen, daß es ihm selbst, so beherzt er sonst war, ganz unheimlich zumute wurde. Plötzlich stürzte ein hoher, stattlicher Mann, einen Schießbogen in der Hand und ein Hifthorn an der Seite, aus dem Walde hervor auf den freien Platz und hinter ihm drein, klappernd und rasselnd, eine Schar von Totengerippen, alle auf gewaltigen Sechzehnendern daherjagend. Der Mann suchte ihnen, so schnell ihn seine Füße tragen konnten, zu entrinnen, aber wohin er sich auch wenden mochte, von allen Seiten kam ihm ein Trupp solcher Reiter entgegen. Sie hetzten ihn wohl über eine Stunde lang auf dem Platze hin und her, bis der Graf in der Angst seines Herzens mit lauter Stimme den Namen des Erlösers anrief, worauf im Nu die Gerippe auf ihren Hirschen nach allen Richtungen auseinanderstoben und verschwanden. Der Mann aber, den sie so umhergejagt hatten, trat zum Grafen und sagte in hohlem Tone:

„Ich bin der Geist deines Urgroßvaters und habe, wie du, mein Leben lang Wild und Menschen zu Tode gequält. Wohl hundert

Feldsee vom Seebuck aus, Zeichnung von Felix Faller-Kappel, 1871

arme Wilderer, die sich in meinen Bann wagten, ließ ich lebendig auf Hirsche schmieden und diese dann durch meine Hunde hetzen, bis sie dem Tode nah zusammenstürzten, während die Unglücklichen, die darauf saßen, unter langen Qualen ihren Atem verhauchten. Zur Strafe muß ich nun jede Nacht in diesen Wäldern umherirren. Jede Nacht werde ich nun selbst verfolgt und gehetzt von dem Schwarme der von mir Ermordeten, und ich büße tausendfach für das, was ich an ihnen verübt habe. Laß dich durch mein jammervolles Beispiel warnen: gehe nach Hause und werde menschlicher als ich es war!“

Mit diesen Worten verschwand die Erscheinung. Der Graf aber war so vom Schrecken gelähmt, daß er sich nicht von der Stelle bewegen konnte. Erst am Morgen fanden ihn seine Leute dort liegen, allein seine Züge waren so sehr entstellt, daß sie ihn kaum noch erkannten. Sie wollten ihn auf seine Burg tragen, aber er tat ihnen seinen unerschütterlichen Entschluß kund, an diesem Orte eine Klause zu bauen und bis diese fertig sein würde, einstweilen in einer nahegelegenen Felsenhöhle zu wohnen. Seine bewegliche Habe ließ er unter den Armen verteilen und alle Zugänge zu seiner Burg vermauern, damit kein menschliches Wesen diese mehr betreten könne und der Name seines Geschlechts unter den Menschen verschwinde. (116)

FELDBERG

UMGEHENDE MÖNCHE

Ein Fürstabt und zwei andere Benediktiner von St. Blasien, welche gemeinsam die Untertanen der Abtei umbarmherzig gedrückt und benachbarte Gemeinden übervorteilt hatten, mußten nach ihrem Tode im Kloster umgehen. Um sie fortzuschaffen, berief man den Kapuziner – Guardian von Staufen, der wegen seiner Frömmigkeit weit und breit bekannt war. Dieser beschwor die Geister in Säcke und trug sie mit zwei Männern auf den Feldberg. Rückwärts gehend und ohne umzuschauen, versenkten sie die Säcke in dem Feldsee. In diesen und in einen weiten Bezirk umher bannte er die Gespenster, welche sich dort in den heilgen Zeiten zu zeigen pflegen. Zuweilen fischen sie am See oder jagen in Jagdkleidung im Walde. Einem Löffelschnitzer von Menzenschwand begegneten sie in ihrer Ordenstracht, einer hinter dem anderen gehend, auf der Bärhalde. Der vorderste, durch sein goldenes Kreuz als Abt kenntlich, sprach: „O weh!“, der zweite: „Die Armut!“ Der dritte: „Das ungerechte Gut!“ Mit diesen Worten gingen sie an dem Manne vorüber, wobei er bemerkte, daß ihre Gesichtshaut wie Tannenrinde aussah.

Zu drei anderen Menzenschwandern, die am Vorabend des Christtages über den Feldberg gingen, kamen die Geister in ihren schwarzen Kutten auf Kohlrappen geritten. Ohne Köpfe sprengten sie um die Männer und riefen stets: „Unrechtes Gut, du hast uns betrogen!“ Nachdem sie so die davoneilenden Männer eine gute Strecke begleitet hatten, verschwanden sie an einem Kreuzwege. (117)

Links und rechts der Kander

Kandern, Zeichnung von Ernst Schweinfurth, um 1840

BINZEN

DER WILDE JÄGER

Auf dem Wege von Tumringen nach Binzen hörte ein Mädchen ein unheimliches Heulen und Brausen in der Luft. Es ängstigte sich sehr, nützte eine kurze Pause und eilte über die Lucle. Daheim erzählte es sein Erlebnis, und die alte Hebamme sagte ihm, das sei der wilde Jäger gewesen. Man dürfe bei seinem Dahinjagen kein Wort sprechen, sonst erleide man zur Strafe einen schweren Schaden. (118)

BINZEN

DIE HEXE

Vor vielen hundert Jahren lebte auf dem Röttler Schloß ein Ritter, der wegen seines Jähzorns und seiner Härte überall gefürchtet war. Seine einzige Tochter Hildegard liebte er sehr, und sie verstand es immer wieder, ihren Vater zum Guten zu bewegen. Der Ritter hatte einen Freund auf dem Hunoltstein im Elsaß, der einen Sohn hatte. Schon zu der Zeit, als ihre Kinder noch klein waren, hatten sich die Väter das Versprechen gegeben, sie einmal zu verbinden, damit die Freundschaft für alle Zeiten bestehen bleibe.

Von den vier Hunden des Schloßherrn war ihm der größte und schärfste am liebsten. Dieser griff sogar einmal den ergebenen Diener Gotthold an, der dem Hund in äußerster Notwehr ein Bein schwer verletzte. Darüber geriet der Röttler so in Wut, daß er seinen Knechten befahl, Gotthold vom Turm hinabzuwerfen. Die erschrockenen Knechte wußten, daß ihnen das selbe Schicksal blühen würde, wenn sie sich weigerten, und in ohnmächtigem Zorn und Schmerz taten sie das grausame Werk.

Gotthold hatte mit seinem Weib glücklich in Binzen gelebt, und als sie den Ermordeten fand, schwur sie dem Burgherrn furchtbare Rache. Sie verließ ihr Haus in Binzen und zog in eine halbverfallene Hütte am Hüttenrain am Weg nach Rötteln. Den verletzten

Hund heilte sie, und er folgte ihr hinkend auf ihren Wegen. Bald stand sie in dem Ruf, eine Hexe zu sein, weil sie im Dorf und in der Umgebung Krankheiten beschwor und heilte und Heil- und Liebestränke braute und brachte. Dafür nahm sie nur das Nötigste zum Leben. Sie galt als schußfest, denn die Pfeile, die ihr der Röttler nachsandte, weil sie ihm manches Stück Edelwild vergiftete, trafen sie nie.

Eines Tages erschien ein fahrender Sänger auf der Burg mit einem älteren Begleiter. Eine Abwechslung war stets willkommen, und man gewährte den beiden gerne Gastfreundschaft. Der Fremde gewann durch sein vornehmes Wesen und seine Lieder bald das Vertrauen des Burgherrn, aber auch das Herz des zwanzigjährigen Burgfräuleins. Bald trafen sich die Liebenden täglich außerhalb der Burg. Ihr Glück schien vollkommen, als der junge Sänger Hildegard verriet, daß er der Sohn des Hunoltsteiners sei, der ihre Liebe unbefangen gewinnen wollte. Die Hunoltsteiner waren bereits für den übernächsten Tag angekündigt worden. Fast bereute der Röttler sein Versprechen, denn im geheimen befürchtete er, daß er dann seinem wilden Wesen ganz erliegen würde. Aber die beiden Liebenden malten sich schon die freudige Überraschung des Röttlers aus.

Als dieser am nächsten Tag nach Basel geritten war, trafen sich die Liebenden noch einmal auf dem versteckten Platz in den Felsen hinter der Burg und ahnten nicht, daß sie die Hexe schon längst entdeckt hatte. Doch der Vater kam früher zurück als sie glaubten, und als die Hexe von ferne Hufschläge hörte, eilte sie dem Verhaßten entgegen und rief ihm aus dem Gebüsch zu: „Rite nume heim, Herr Ritter! Hinter der Burg bi de Felse finde ihr euri Tochter in de Arm vum Fahrende!“ und schon war sie wieder verschwunden.

Die glückliche Stunde der beiden jungen Menschen durchbrach jäh die zornige Stimme des Röttlers: „Du Verfluechte! Hesch du di drum igschliche, aß du mii Chind verfüehre chasch? Stirb, du Elendige!“ Und das Schwert des Rasenden traf den Junker tödlich. Die entsetzte Tochter wollte ihrem Vater in den Arm fallen, aber er stieß sie roh zur Seite. Sie fiel mit dem Kopf auf einen spitzen Felsvorsprung und verblutete. Sterbend sagte sie dem zutiefst getroffenen Manne, daß er den Sohn seines Freundes getötet habe und bat, sie zusammen in ein Grab zu betten.

Der Vater des Ermordeten kündigte dem beinahe um den Verstand gekommenen Röttler den Kampf an und belagerte wochenlang die Burg ohne jeden Erfolg. Doch plötzlich standen die Krieger des Hunoltsteiners in der Nacht dichtgedrängt, wie aus dem Boden gestampft, im Burghof. Ein verbissener Kampf Mann gegen Mann begann, bis unter den Letzten der Burgherr, getroffen von seinem früheren Freund, zu Boden sank.

Da trat mit höhnischem Lachen die Hexe von Binzen vor den Sterbenden, zerrte und zog mit übermenschlicher Kraft den Verhaßten zur hohen Burgmauer und schleuderte ihn mit einem gräßlichen Fluch in den Abgrund. Sie war es auch gewesen, die den Belagerern den Eingang des unterirdischen Ganges gezeigt hatte, der vom Friedhof in Brombach hinauf in den Burghof führte und nur wenigen bekannt war. Von da an war die Hexe von Binzen verschwunden und ist nie mehr gesehen worden. (119)

KANDERN

VERSETZTER GRENZSTEIN

Vor ungefähr vierzig Jahren lebte in Kandern ein Mann, welcher trotz seines Reichtums so habgierig war, daß er sein Feld auf ungerechte Weise zu vergrößern beschloß. Er begab sich mitten in der Nacht auf seinen Acker und fing an, dessen Grenzstein auszugraben. Bei diesem stand ein weißes Hündchen, das es nicht leiden wollte und in einem fort gegen den Mann bellte. Er kümmerte sich aber nicht darum, sondern schaffte den Stein heraus und setzte ihn eine Strecke weit in des Nachbarn Feld hinein. Nach einigen Tagen ging er abermals um Mitternacht zu dem Grenzstein, wo er einen grauen Hund antraf, dessen Gebell ihn abermals nicht hinderte, den Stein auszugraben und noch weiter in den benachbarten Acker zu setzen. Auch dadurch noch nicht zufrieden gestellt, wollte er in einer dritten Nacht den Stein nochmals verrücken, aber diesmal stand ein großer schwarzer Hund dort, der ihn heftig anbellte und, da er sich wieder nicht abschrecken ließ, ihn in tausend Stücke zerriß.

Als Gespenst mußte nun der Mann um Mitternacht auf dem Platze gehen, wobei er den schweren Grenzstein keuchend umhertrug und rief: „Wo leg ich ihn hin, mir zu Gewinn?"

Waldlichtung mit Marksteinfrevler, Radierung von Matthäus Merian d. Ae., 1622/24

Viele Jahre war er so umgegangen, als einst ein Betrunkener des Weges kam und in seiner Lustigkeit auf des Geistes Ruf antwortete: „Ei, lege ihn hin, wo du ihn hergenommen hast!“ Da setzte das Gespenst den Stein auf dessen ursprünglichen Platz und hatte seine Erlösung gefunden. (120)

SITZENKIRCH

WIE DER ORTSNAME ENTSTANDEN IST

Als die drei jungen Ritter von Kaltenbach ins Kloster gingen, fragte sie ihre Schwester, was sie nun machen solle. „Sitz' in d' Kirch und bete!“ erhielt sie von ihnen zur Antwort. Daraufhin stiftete das Fräulein im benachbarten Tale ein Frauenkloster und nahm darin den Schleier. Wegen der Reden ihrer Brüder gab sie dem Gotteshaus den Namen Sitzenkirch, der auch auf das Dorf, welches später dort entstanden, übergegangen ist.

Eine andere Fassung lautet:

Werner, Freiherr von Kaltenbach, hatte am Ort des heutigen Sitzenkirch ein Frauenkloster gegründet; seine Gemahlin Itha baute es aus und führte mit ihrer Tochter Himmeltrud ein beschauliches Leben darin ein. Unter dem siebten Abte von St. Blasien stellten sich die Nonnen unter den Schirm dieses Stiftes. Werner versorgte das Kloster mit hinlänglichen Einkünften und übergab den frommen Damen die Schenkungsurkunde mit den Worten: „Da habt ihr euern Sitz in Kilch!“ Daher der alte Name Sitzinchilcha, jetzt Sitzinkirch oder Sitzenkirch. (121)

Die Herren von Kaltenbach sollen ihren Stammsitz in dem Dörflein Kaltenbach gehabt haben. Wahrscheinlich setzten sie sich auf der beherrschenden Höhe Bürglen fest. Werner von Kaltenbach verzichtete 1103 auf seine weltlichen Besitztümer und trat in das Kloster St. Blasien ein, wo er 1126 starb. Sein Sohn ging ebenfalls ins Kloster und wurde Probst der Zelle Bürglen. Die bisherige Burg wurde so zu einer geistlichen Niederlassung.

VOGELBACH

DIE SAUSENBURG

Diese Burg, gewöhnlich das Sausenharder Schloß genannt, liegt auf einem waldigen Berge und ist nicht mehr bewohnbar. Von ihr haben sich unterirdische Gänge nach Bürgeln und den Klöstern zu Sitzenkirch und Neuenbürg gezogen. Bei Nacht schweben in der Burg blaue Lichter umher, und da, wo sie erlöschen, liegen Schätze vergraben. Auch eine weiße Jungfrau mit einem Bund Schlüssel spukt da. Sie singt schön und wäscht sich an dem Brünnlein unterhalb des Schlosses. Manchmal geht sie nach der Neuenbürg und von da nach Bürgeln. Beim Burggärtlein begegnete sie eines Tages einem Mann aus Sitzenkirch und sagte ihm, seine Haare seien nicht gekämmt, er solle heimgehen und sie strählen, was er auch eilig tat.

Sausenburg, Lithographie nach einer Zeichnung von Maximilian von Ring, 1829

Einem anderen Mann, der nachts zwischen elf und zwölf unterm Schlosse vorbeifuhr, rief sie dreimal zu: „Komm herauf!“, und da er ihr nicht folgte, jammerte sie, daß erst in hundert Jahren ein Kind geboren werde, das sie wieder erlösen könne.

Als sie einst in der Frühe von einem Kanderner Jungen, welcher bei der Burg Vieh hütete, Brot begehrte, erhielt sie von ihm die Antwort, er habe keines. Hätte er „Helf dir Gott!“ gesagt, so hätte er sie erlöst.

Am Morgen des Karfreitages kam die Jungfrau auf dem Schlosse zu einem Burschen aus Vogelbach und bot ihm eine große Schachtel dar mit den Worten: „Nimm sie hin, dann machst du mich und dich glücklich!“ Ohne die Schachtel zu nehmen, ergriff der Bursche die Flucht, worauf er die Jungfrau klagen hörte, daß sie nun noch lange leiden müsse.

Ein anderes Mal sahen Vorübergehende, daß die weiße Jungfrau die Schachtel aus einem Burgfenster heraushielt, aber als sie hingingen, verschwanden Jungfrau und Schachtel. Anderen Vorbeigehenden sind von ihr kleinere Schachteln voll Geld zugeworfen worden. Buben, welche ihr den Weg verunreinigten, hat sie ihren Bund Schlüssel um die Köpfe geschlagen, und andere Knaben, die ihr Übles nachredeten, haben von unsichtbaren Händen Ohrfeigen bekommen.

In einer Nacht gruben vier Männer auf einem Platze nahe des Schlosses stillschweigend nach einer Kiste voll Gold, und es gelang ihnen, sie in einiger Tiefe aufzufinden. Hierauf stiegen zwei von ihnen hinab, banden an die Kiste ein Seil, und die beiden anderen begannen, die Kiste heraufzuziehen. Plötzlich bemerkte einer, daß über ihnen ein Mühlstein an einem Bindfaden hing und ein Männlein, das auf dem Steine saß, mit einer Schere nach dem Faden fuhr, um ihn durchzuschneiden. „Halt, der Mühlstein fällt herunter!“ rief der Mann im Schrecken, und sogleich waren Kiste, Mühlstein und Männlein verschwunden.

An einer anderen Stelle sah ein Knabe ein Häuflein glühender Kohlen, und dabei lagen auch schwarze. Von diesen steckte er mehrere ein und fand sie zu Hause in Geld verwandelt. Ebenso wurde Spreu, die ein Vogelbacher Bube von einem Haufen in der Burg wegnahm, in seiner Tasche zu Goldstücken.

Während ihre Ziegen unterhalb des Schlosses weideten, gingen einige Jungen zu ihm hinauf, wo sie eine Menge schöner, bunter Schneckenhäuschen umherliegen sahen. Als sie davon einsteckten, rief eine Stimme: „Jaget die Geißen aus dem Haber!“ Sogleich liefen die Knaben zu den Ziegen, die aber ihren Weideplatz nicht verlassen hatten. Auch war weit und breit niemand, von dem der Zuruf hätte sein können. Zu Hause fanden die Buben die Schneckenhäuslein in Münzen verwandelt. Auf der Burg aber, wohin sie gleich wieder eilten, fanden sie kein einziges mehr.

Vor einigen Jahren kam beim „Engel" zu Sitzenkirch ein Basler Herr mit seinen erwachsenen Kindern, einem Sohn und einer Tochter, angefahren und fragte sofort nach einem Knaben, der sie auf die Sausenburg führe. Mit diesem gingen sie dann hinauf, wobei sie selbst eine Schachtel trugen, die sie mitgebracht hatten. Oben angekommen, knieten die drei Basler zum Gebet nieder und ließen danach aus der Schachtel ein Eichhörnchen laufen. Dann begaben sie sich in den „Engel" zurück und fuhren, nachdem sie eine Flasche Wein getrunken hatten, wieder fort. Diese Geschichte verursachte in der Gegend viel Gerede. Manche sagten, das Eichhörnchen sei die weiße Jungfrau gewesen, die der Basler in seiner Gewalt gehabt und wieder freigelassen habe. Andere dagegen erklärten, das Eichhörnchen sei ein Hausgeist, welcher in diese Gestalt beschworen und auf das Schloß gebannt worden sei. (122)

Die Sausenburg liegt im Sausenhardt, einem alten Zähringischen Besitz und ist wohl zu dessen Schutz 1232 – 42 von den Herren von Hachberg-Sausenberg erbaut worden. Gründer der Sausenberger Linie war Markgraf Rudolf (1295 – 1316). Die Sausenberger Markgrafen wohnten aber seit 1314 im Schloß Rötteln. Die Burg wurde 1678 von den Franzosen zerstört.

BÜRGELN

JOHANNES MIT DEM SCHLAPPHUT

Auf der Propstei Bürgeln lebte vor vielen hundert Jahren der junge Mönch Johannes. In dem nahen Frauenkloster Sitzenkirch mit adeligen Frauen mußte er auch der schönen Nonne Agnes manchmal die Beichte abnehmen und verliebte sich heftig in sie. Doch die Nonne wies ihn entrüstet ab, wenn er sie zu überreden suchte, ihn in dem unterirdischen Gang, der von der Propstei in das Klosterkirchlein herabführte, heimlich zu treffen. Das kränkte Johannes so, daß er sich an ihr rächen wollte.

Er entwendete kostbare Kelche und andere Dinge aus der Kirche und wußte den Verdacht geschickt auf Agnes zu lenken, so daß es zu einer Gerichtsverhandlung kam. Aber der Herr von Sausenberg fand Gefallen an der klugen Nonne, sprach sie frei und ließ sie zur Unterrichtung seiner Tochter sogar regelmäßig auf das Schloß kommen. Da packte Johannes die Eifersucht und der Zorn über das Mißlingen seines gemeinen Planes, und er lauerte Agnes auf, als sie vom Schloß zum Kloster hinabging. Empört sagte sie ihm seine Unterstellung auf den Kopf zu. Er gab auch zu, es in seiner Ausweglosigkeit getan zu haben, versuchte sie in die Arme zu reißen und zu küssen. Voller Angst versuchte Agnes, ihm zu entfliehen. Da geriet er so in Wut, daß er sie packte und dabei erwürgte. Als sie tot zur Erde sank, floh er, entsetzt über seine Tat, und irrte drei Tage und drei Nächte durch die Wälder des Sausenhardts. Immer wieder kam er an jene Stelle zurück, und schließlich setzte er dort seinem verfehlten Leben ein Ende.

Doch sein Geist fand nirgends Ruhe. Oft sah man den Johannes mit Schlapphut im dunklen Überrock im Wald zwischen Bürgeln und der Sausenburg umherirren. Manchmal hörte man ihn in der Zeit des Vollmonds um Mitternacht durch die Gänge der Propstei schlürfen, oder sah sein beinernes Gesicht mit den irren Augen unter dem schwarzen Schlapphut durch die Fenster grinsen. Schon lange hat man ihn nicht mehr gesehen. (123)

EGERTEN

SCHERBEN WERDEN ZU GOLDSTÜCKEN

Ein Holzhauer von Egerten, welcher unweit der versunkenen Stadt Nebenau im Wald arbeitete, sah am Mittag ein Mädchen mit einem Korb auf dem Kopfe herbeikommen. In der Meinung, es sei eine Bekannte, die ihren in der Nähe arbeitenden Leuten das Essen bringe, rief er ihr mit Namen, und sogleich ließ die ihren Korb fallen und lief davon. Voll Verwunderung ging er zu dem Korbe hin, fand aber nichts als zerbrochenes Porzellangeschirr.

Hexen tauschen die Bibel gegen ein Buch der Schwarzen Magie, Holzschnitt, 1626

Von diesem steckte er für seine Kinder viele Stücklein ein, die, als er sie zu Hause herauszog, lauter Goldmünzen waren. Sogleich eilte er in den Wald, um die übrigen Scherben zu holen, fand aber keine einzige mehr. (124)

KALTENBACH

DAS SECHSTE BUCH MOSE

Z Chaltebach im obere Chandertal het e Mann s sechst Buech Mose gha un vil drin glese. Wil das Buech vum Teufel gschribe worde isch, drum het's allewil rumort im Hus ume, so as wie wenn schweri Chettene dur s ganz Hus gschleipft wurde. E Sattler, wu in das Hus chuu isch, het das au ghört gha un het gwüßt vu dem Buech. Wu n er wider emol zue dem Mann chuu isch, het der zuem Sattler gsait, wenn er das Buech well, chönn er s ha. Der Sattler het wohl gwüßt, wurum der Mann das Buech het furt ha welle. Aber het er's gnuu, wär in siim eigene Hus der Teufel los gsi. Er hat drum das Buech au nit welle, un wenn's ihm der Mann gschenkt hätt. (125)

MARZELL

KOHLEN WERDEN ZU GOLD

Eine arme Frau von Marzell kam eines Tages beim Holzsammeln im Wald zu einem Loch, das voll schwarzer Kohlen lag. Sie steckte davon so viele in ihre Taschen wie diese faßten. Bei ihrer Heimkunft fühlte sie auf einmal, daß in ihren Taschen etwas sehr Schweres war. Sie griff hinein und zog lauter Goldstücke heraus. Sofort eilte sie in den Wald zu dem Loche, aber alle Kohlen waren verschwunden. (126)

Im Tal der Kleinen Wiese und Köhlgartenwiese

Enkenstein, Reste des Vorhofs, Zeichnung von Maximilian von Ring, 1828

DIE GESTÖRTEN SCHATZGRÄBER

Ungefähr eine Viertelstunde nordwestlich von dem nach Wieslet eingepfarrten kleinen Dorfe Enkenstein, drei Viertelstunden von Schopfheim, befinden sich auf einem Bergkopfe die noch wenigen Mauerreste einer Burg, welche den ehemaligen Herren von Enkenstein gehörte. Von dort hat man eine schöne Aussicht und Fernsicht in das idyllische Wiesental und über die Vorberge des Schwarzwaldes hinweg auf die Vogesen und die gletscherblitzende Alpenkette der Schweiz.

Innerhalb der Burgmauern soll von einem der früheren Schloßbesitzer ein bedeutender Schatz vergraben worden sein, welcher unablässig von einem schwarzen zottigen Hund bewacht wird, den früher sogenannte Fronfastenkinder auch gesehen haben wollen. Da es also innerhalb der Ruine und in deren Umgebung nicht geheuer ist, geht man zu gewissen Zeiten nicht gerne dorthin, obgleich der zu hebende Schatz manchen dazu verlocken möchte. Wirklich soll im vorigen Jahrhundert einmal etlichen rüstigen Burschen, die keinen Zweifel in ihre Beherztheit und das Gelingen setzten, die Lust angekommen sein, durch Heben des Schatzes auf leichte Art reich zu werden. Um das Wagnis sicher zu bestehen und den Zweck zu erreichen, verschafften sie sich nicht ohne langes Umherforschen ein schwarzes Böcklein als Sühneopfer, machten sich mit den nötigen Zauberformeln und Gebeten bekannt und hingen sich geweihte Heiligenbilder an die Brust.

In einer Freitagnacht zur Geisterstunde begannen sie still und stumm, wie die schauerliche Natur um sie her, die Arbeit und betrieben diese mit solcher Emsigkeit, daß ihnen der Schweiß von Stirn und Wangen floß. Doch die Sterne schienen nicht günstig zu leuchten. Schon hatten sie eine Stunde lang unausgesetzt gegraben, da stießen sie auf eine dumpftönende Stelle, als es auf dem Kirchturm zu Wieslet ein Uhr schlug und eine Eule dicht über ihren Köpfen kreischend hinwegflog. Plötzlich erbebte der Boden unter ihren Füßen, und die tiefe Stille verwandelte sich in wilden Aufruhr. Eiskalt lief es ihnen über den Rücken, und wie von unsichtbarer Hand ergriffen, fühlten sie sich zu Boden geworfen. Als sie sich nach geraumer Zeit aus ihrer Besinnungslosigkeit wieder erholten und eben der Mond in seinem letzten Viertel am Himmel aufging, sahen sie sich statt auf dem Platze, wo sie zu graben angefangen, mitten in ein nahes, mit Brennesseln verwachsenes Dorngebüsch geworfen und Gesicht, Hände und Füße aufs empfindlichste verletzt. Beschämt und den Schatz in des Schloßbergs innerste Tiefe verwünschend, zogen sie heim und zeigten von nun an keine Lust mehr, durch Heben von vergrabenen Schätzen reich zu werden. (127)

An Fronfasten geborene Kinder können künftige Dinge voraussehen.
Von der Burg der Ritter von Enkenstein auf dem Schloßberg existierten 1813 noch Reste des Vorhofs, der Burggraben und der Brunnen.

WEITENAU

SCHWARZE KUTSCHE

Der Weg durch das Steinenbachtal bildete schon früher die Verbindung vom Großen und Kleinen Wiesental über die Scheideck nach Kandern. In einem versteckten Seitental oberhalb des ehemaligen Klosters Weitenau, im sogenannten Surbel, war es einst nicht geheuer.

Es gingen einmal einige junge Leute von einem Lichtgang nach Hause. Im Surbel fuhr ihnen eine kohlschwarze Kutsche über die Köpfe hinweg und rauschte und toste, als ob der Leibhaftige selbst darin sitzen würde. Die gespenstische Kutsche fuhr rückwärts, es waren keine Pferde daran, und sie fuhr hinab bis zum Kloster Weitenau. Man hat auch schon eine feurige Kugel von Hofen bis zum Kloster drunten fahren sehen. (128)

WEITENAU

EINE SEELE ERLÖST

Im Surbel saß manchmal ein unheimliches Wesen mit feurigen Augen auf dem Grenzstein am Weg, das nur so groß war wie ein Zwerg und ein graues Fell hatte wie ein Tier. Man nannte es

Surbeltier. Jedem, der vorbeiging, streckte es seine Pfoten hin, doch jeder suchte schnell an ihm vorbeizukommen.

Als einmal einige Holzmacher auf dem Heimweg waren, saß das Surbeltier wieder auf dem Stein und streckte die Pfoten hin, damit sie ihm etwas hineinlegen möchten. Die Männer waren schon achtlos an ihm vorbeigegangen, als einer aus Mitleid mit dem armen Tier wieder umkehrte. Weil er sehr arm war, gab er ihm nur freundlich die Hand. Aber zwei Tage darauf mußte der Mann sterben. Durch sein Mitleid hatte er eine arme Seele mit seinem eigenen Leben erlöst. (129)

HOFEN

EIN WEIBLEIN WARNTE VERGEBENS

Ein Bursche ging einmal nachts von Hofen zu seiner Liebsten auf dem Klosterhof zwischen Weitenau und dem Kloster. Im Leiseholz lief ihm ein winziges Weiblein über den Weg, das so zusammengedrückt aussah wie ein kleines Bündelchen. Das warnte den Burschen: „Nimm das Chlosterhofer Maidli nit! Es isch dii Glück nit!“ Aber der Bursche hörte nicht auf das Leisebündeli, wie man das Weiblein nannte. Er mußte zwei Jahre nach der Hochzeit sterben. (130)

NIEDERTEGERNAU/WIESLET

DAS SCHLOSSFRÄULEIN VON ROTENBURG

Das Schloß Rotenburg stand einst auf der Höhe zwischen Wieslet und Tegernau. Darin wohnte ein reicher Edelmann mit seiner schönen Tochter, um die sich viele Ritter bewarben. Alle wurden abgewiesen und mußten unverrichteter Dinge heimwärts ziehen, nur der Ritter von Waldeck hielt aus und bat schließlich das Fräulein um einen günstigen Bescheid auf seine Werbung. In frevelhaftem Übermut antwortete sie, daß vor sieben Jahren alle seine Mühe umsonst sei, in sieben Jahren wolle sie ihm Antwort geben. Das war dem Ritter zu viel, und er zog mit seinen Mannen in den Kampf. Sieben Jahre sind eine lange Zeit, das mußte nun das Fräulein erfahren.

Kein Ritter zog mehr als Werber in die Burg, der Rotenberger sank ins Grab, und sie saß nun allein und verloren in der Burg. Schwermütig vergrub sie den Schmuck, Geld und Gut, ihren Brautschatz, im tiefen Keller. Und als die sieben Jahre gerade um waren, schaute sie hinunter ins Tal. Da kam von Langenau her ein ritterlicher Troß gezogen, und auf ihre erregte Frage, wer dort herziehe, bekam sie zur Antwort: „Das ist der Waldecker mit seiner jungen Frau!" Tot sank das Fräulein zu Boden. Die Burg wurde ein Raub der Zeit und verfiel. Aber alle sieben Jahre schwebt das Fräulein von Rotenburg als weiße Frau um das Gemäuer, winkt Leuten, die ihn da oben im Walde begegnen und zeigt in die Trümmer. Sie muß ihren tief im Keller vergrabenen Brautschatz hüten bis einer kommt, der den Schatz gewinnt und ihr zur Ruhe verhilft. (131)

Mit Dietrich von Röteln begann auf der für ihn erbauten Burg Rotenburg ein besonderer Zweig der Herren von Röteln. Dietrich IV. starb vor 1248 ohne Nachkommen, und das Geschlecht erlosch. Das Erbe gelangte über die Herren von Rötteln an die Markgrafen von Hachberg-Sausenberg. Die Burg wurde bei dem schweren Erdbeben 1356 völlig zerstört und nicht wieder aufgebaut.

Die Burgen der Herren von Waldeck, Alt- und Neuwaldeck standen ebenfalls im Kleinen Wiesental. Es waren kleine Wehrbauten. Die ältere Burg stand vermutlich nördlich von Holl, Neuwaldeck südlich von Tegernau auf dem Bergsporn zwischen der Kleinen Wiese und der Einmündung der Köhlgartenwiese.

WIESLET/SCHILLIGHOF

FRONFASTENKINDER LIEBEN WEIN

Vom Dorf Wieslet ist es nicht weit zum Schillighof, einem ehemaligen Freihof, der zum Kloster Weitenau gehörte. Es wollte einmal der Bauer vom Schillighof ein Kind taufen und fuhr ein paar Tage vorher ins Rebland hinaus, um ein Fäßlein Wein zu holen. Es war nachts um die zwölfte Stunde als er auf dem

Heimweg war und auf der Kreuzeich fuhr, wo sich des Nachts nicht gern einer aufhielt. Da hörte er auch schon hinter sich Schwatzen und Lachen. Als er sich umschaute, schwärmten Fronfastenkinder in ihren leichten weißen Kleidchen wie ein Bienenschwarm um das Weinfaß, das er hinten auf dem Wagen hatte. Der Bauer hatte keine Lust, mit ihnen anzubinden, wußte aber, daß sie gern Wein tranken. Er spannte die unruhig gewordenen Rosse aus, ließ den Wagen stehen und machte, daß er mit ihnen nach Hause kam.

Kaum daß es am Morgen hell wurde, holte er den Wagen, weil er keine unbequemen Fragen beantworten wollte, kam auch ungesehen auf den Hof, und das Faß schien wirklich leer zu sein, wie er vermutet hatte. Nachdem er das leichtgewordene Faß in den Keller gebracht hatte, klopfte er einen Hahn hinein, um zu sehen, ob die Fronfastenkinder gar nichts übrig gelassen hatten. Als er den Hahn aufdrehte, lief Wein heraus, und er konnte in den nächsten Jahren noch manchen Krug voll holen. Das Faß wurde nicht leer. Mit der Zeit kam das der Bäuerin seltsam vor, und eines Tages wollte sie genau wissen, wieviel Wein noch in dem Faß sein mochte. Sie nahm einen langen Stock, steckte diesen zum Spundloch bis auf den Faßboden hinein, und als sie den Stock wieder herauszog, war er ganz trocken. Das Faß war und blieb leer. (132)

WIESLET/SCHILLIGHOF

FRONFASTENKINDER BELAUSCHT

Die Fronfastenkinder zeigten sich von Weihnachten bis in den März, und sie gingen in die Häuser. Manchmal kamen sie auch auf den Schillighof und setzten sich ohne weiteres in die Stube. Die Leute vom Schillighof ließen die Fronfastenkinder allein, weil sie wußten, daß sie unter sich sein wollten. Sie wollten diese merkwürdigen Kinder auch nicht erzürnen, denn diese waren den Leuten unheimlich. Doch das Töchterlein des Hofbauern hätte gar zu gerne gewußt, was die Fronfastenkinder in der Stube trieben, legte sich auf die Kunst (Kachelbank am Ofen) und tat, als ob es schlafen würde. Sie sahen das Mädchen gleich, als sie in die Stube kamen, und das erste Fronfastenkind strich ihm mit der Hand leicht

Wieslet, Aquatinta nach einer Zeichnung von Reinermann, 1797

über beide Augen und sagte dazu: „I sih zwei Löchli, die sin uf. I will si zuemache!“ Das Kind schlief sofort fest ein und konnte nicht sehen, was die kleinen Leutchen taten. Aber als es erwachte, war es blind, und niemand konnte ihm helfen.

In ihrer Not ging die Mutter des Kindes zu einer alten Frau, die mehr wußte als andere. Diese sagte, das Mädchen solle sich am nächsten Fronfastentag wieder auf die Kunst legen. Doch an diesem Abend dauerte es lange, bis die Fronfastenkinder kamen. Das Kind war inzwischen eingeschlafen und hörte sie weder kommen noch gehen. Als sie die Stube um die erste Stunde verließen, wischte das letzte Fronfastenkind beim Hinausgehen über beide Augen des Mädchens und sagte: „I sih zwei Löchli, die sin zue. I will si ufmache!“ Und als das Kind aufwachte, konnte es wieder sehen, und es versuchte nie mehr, die Fronfastenkinder zu belauschen. (133)

WIESLET

FEURIGES MÄNNLEIN

Eine Bäuerin, die oft über Berg und Tal hinüber zum Markt in Zell ging, sah einmal auf der Kreuzeich, wie ein hell brennendes Männlein auf den Marktkorb, den sie auf dem Kopf trug, hinaufsprang. Erschrocken lief sie weiter, und der Korb mit dem Männlein wurde immer schwerer, je weiter sie ging. In ihrer Angst fing die Frau laut zu beten an. Da sah sie endlich das feurige Männlein herabspringen und im Wald verschwinden. (134)

GRESGEN/TEGERNAU

DIE SEEJUNGFER IM BRANDENSEE

Im Brandenwald zwischen Gresgen und Tegernau war einst ein kleiner See, der Brandensee geheißen. In dem See wohnte eine schöne Seejungfer, die ein Hexenmeister einmal dorthin gebannt hatte. Sie zeigte sich immer wieder einmal, weil sie gerne erlöst und wieder ein rechter Mensch geworden wäre. Die Seejungfer nannte man nur das Branden-Evle. Einmal ging ein junger Bursche nachts um zwölf Uhr am Brandensee vorbei und war auf dem Weg nach Gresgen. Da stand plötzlich das Branden-Evle vor ihm und hing sich fest an seinen Hals. Dem erschrockenen Mann grauste es, als er die kalten Arme spürte, und er konnte sich nur mit Gewalt von der weißen Gestalt wegreißen und fliehen. Das war sein Glück, sonst hätte ihn das Branden-Evle gewiß mit in den See genommen. (135)

GRESGEN/WIESLET

HEXENTANZPLATZ AUF DER KREUZEICH

In der Nähe des Schillighofs führte der Weg nach Gresgen. „Auf der Kreuzeich“ vorbei, wo es nicht geheuer war. Auf der Kreuzeich kamen an bestimmten Nächten alle Hexen aus dem weiten Umkreis zusammen, machten ein großes Feuer, tranken Rotwein und schmausten und tanzten bis gegen Morgen. Unter dem Hexentanzplatz hatten sie einen großen Keller und in dem Keller ihr Versteck. Darum war der Platz verrufen, und keiner ging in der Nacht dort gern vorbei. (136)

GRESGEN/WIESLET

LICHT AUSGEGANGEN

Die Geister auf der Kreuzeich bliesen manchmal dort dem Fuhrmann die Laterne aus. Jedesmal mußte er ein Schwefelhölzchen anstreichen und das Licht wieder anzünden, und ein paar Meter weiter ging das Licht wieder aus. Einmal ging es bald zehnmal so. Da wurde der Fuhrmann wütend, fing an zu fluchen und gebrauchte dabei den Namen Gott. Dieses Wort können die bösen Geister nicht ertragen, und kaum hatte er es gesagt, brannte das Licht in der Laterne von selber wieder hell. (137)

GRESGEN/WIESLET

SCHLANGE VERSPERRTE DEN WEG

Ein Holzfuhrmann hatte eigenartige Dinge auf der Kreuzeich selbst erlebt. In früheren Jahren fuhr er oft nachts mit seinen zwei Rossen am Wagen heimwärts. Einmal war er auch wieder nachts vom Rebland her mit einer Fuhre Wein auf dem Weg nach Gresgen. Da blieben auf der Kreuzeich auf einmal die Rosse stehen und wollten einfach nicht mehr weiter. Schließlich stieg er vom Wagen und schaute nach, was los war. Und da lag eine große, dicke Schlange vor ihnen mitten auf dem Weg, die sich sofort aufrichtete und gegen den Mann züngelte. Da fuchtelte er mit der Geißel und verwünschte das Untier. Nun verkroch sich die Schlange in den Wald, und die Rosse gingen wieder weiter. (138)

GRESGEN

DIE RAURIKERIN

In Gresgen hat ein alter Schuhmacher von den Alten erzählen hören, daß in uralter Zeit ein Volk in dieser Gegend wohnte, Rauriker geheißen, das in die Schweiz abgedrängt wurde. Etliche davon hatten noch lange am Belchen versteckt gehaust, waren scheu, aber groß und stark, und man ging diesen Menschen lieber aus dem Weg. Die Holzmacher sahen sie manchmal im Wald verschwinden, und Marktfrauen sahen die Waldleute ab und zu, wenn sie vom Altbadischen (ehem. Markgrafschaft) über Gresgen hinüber nach Zell im Großen Wiesental zum Markt gingen. Ein Bauer schickte einmal seinen Knecht nach Elbenschwand hinter Tegernau hinab. Dort hatte er ein neues Joch für die Ochsen bestellt, das sollte der Knecht holen. Er bekam das Joch und trug es auf dem Rücken heim. Als er gerade zwischen Elbenschwand und der Blauener Ebene war, hörte er hinter sich ganz laut und deutlich rufen: „He Jochträger, sage doch auch der Raurikere, der alt Muckesturm sei gestorbe!“ Der Knecht drehte sich gleich nach dem Rufer um, schaute nach allen Seiten, konnte aber keinen Menschen und keine Seele sehen, und er wunderte sich sehr darüber.

Als er nach Hause kam, erzählte er alles seinem Bauern. Zu dieser Zeit stand bei dem Bauern eine junge Magd im Dienst, die sehr schön war. Niemand wußte, wo sie hergekommen war, und keinem verriet sie ihren Namen. Weil sie aber brav und fleißig war, behielt sie der Bauer gerne. Zufällig hatte das Mädchen zugehört, was der Knecht erzählte, und gleich darauf verschwand es vom Hof. Es war also selber die Raurikerin. Kein Mensch hat jemals erfahren, wo das Mädchen hingekommen ist. (139)

Die Rauriker saßen zur Zeit Cäsars im Basler Gebiet und im südlichen Elsaß.

Der Teufel tauft einen neuen Hexer, Holzschnitt von 1626

GRESGEN

DIE VERHEXTE GEISS

Eine der Geißen gab drei Tage keine Milch mehr, ein Zeichen, daß sie verhext war. Der Großvater überlegte nicht lange. Er hatte ein Büchlein, das „Kleines geistliches Schild" hieß, darin stand geschrieben, was gegen Hexerei zu tun sei. Der Enkel beobachtete ihn, wie er ein Gütterlein nahm, etwas hineintat und es dann unbeschrien ganz hinten im Stall aufhing. Dann sagte er zu seiner Frau: „Jetz, Annemeili, jetz paß uf! Der erscht, wu am Morge in der Stall schunnt, het d'Geiß verhext!" Im Dorf hatte man schon lange einen, der Lenz hieß, im Verdacht, er könne hexen. Der kam am Morgen auch zuerst in den Stall. Jetzt wußten sie genau, daß der Lenz ein Hexenmeister war, und darum war es aus mit seiner Hexerei. Nun gab die Geiß wieder Milch wie zuvor. (140)

GRESGEN

DAS LICHT IN DER RÖTHI

Vor hundert Jahren und mehr kaufte jede Woche ein Schweinehändler in Gresgen Schweine auf, trieb sie am frühen Morgen nach Zell hinab und verkaufte sie dort mit gutem Gewinn auf dem Schweinemarkt. Gewöhnlich hatte er viel Geld in der ledernen Geldkatze um den Leib gebunden. Doch an einem frühen Morgen, als es noch dunkel war und der Mann wieder Schweine bergab trieb, verschwand er im Gewann Röthi zwischen Gresgen und Adelsberg bei der Hurst spurlos. Man vermutete, daß ihn einer umgebracht, ihm das Geld abgenommen und ihn dort bei der Hurst verscharrt habe.

Wohl grub man an dem Platz nach und suchte den Schweinehändler überall, konnte aber nicht die kleinste Spur von ihm finden. Bald danach hieß es, die Seele des Toten finde keine Ruhe, sie suche den Mörder, denn man sah an jenem Platz in der Nacht einen Mann mit einer Laterne auf dem Kopf umgehen. Noch lange nachher konnte man auch eine brennende Laterne oder ein Licht dort schweben sehen, und jeder ging dem Licht in der Röthi aus dem Weg. Niemals mähten die Bauern Gras auf dem verrufenen Platz, denn hätte das Vieh davon gefressen, so wäre es verhext worden. Einmal hatte nämlich Vieh von dem Gras gefressen, da waren am anderen Morgen alle Tiere im Stall nicht mehr angebunden und rannten frei im Stall herum. (141)

GRESGEN

GESPENSTISCHE BLASMUSIK

Ein junger Bursch von Gresgen war einmal auf dem Heimweg bis zur Blauener Ebene gekommen, und er war wahrhaftig kein erschrockener Kerl. Dort standen hohe Tannen, und es ging auf Mitternacht zu, als plötzlich ein starker Wind aufkam. Er schaute sich um, und da kam vom Blauen her eine gespenstische Blasmusik gerade auf den Burschen zu. Er stellte sich hinter eine der Tannen und lauschte, was die Musik vorhatte, und dabei schüttelte es ihn durch und durch, als ob ihn einer beim Kragen hätte. Da schlug es zwölf Uhr, und mit dem ersten Schlag war die Blasmusik verschwunden. Er rannte nach Hause, denn dieser Geistermusik hätte er nicht noch einmal begegnen wollen. Von da an nahm der Bursche immer einen Revolver mit, wenn er diesen Weg nach Hause heimgehen mußte.

Bald darauf war der Bursche wieder des Nachts auf dem Nachhauseweg. Und am selben Platz auf der Blauener Ebene, an dem er die Blasmusik gehört hatte, lief ihm ein seltsames Wesen über den Weg. Es war kaum so groß wie ein Zwerg, ging auf zwei Beinen, hatte aber keinen Kopf und war grau. Mehr konnte der Bursche in der Dunkelheit nicht erkennen. Dieses Wesen lief immer etwa fünf Schritte vor ihm her, bis er schließlich zu fluchen anfing. Dabei gab er mit seinem Revolver einen Schuß ab, und da war der Geist auf einmal weg. Auch später hat er ihn nie mehr gesehen. (142)

GRESGEN

GEIST IN DER FLASCHE

Bei dem Fridli-Vogt ging es einst nicht mit rechten Dingen zu. Obwohl er reich an Geld und Gut war, nützte er seine Dienstleute aus und unterdrückte die Armen. Auch Grenzsteine versetzte er zu seinen Gunsten, und das zählte damals zu den schlimmsten Verbrechen. Immer auf seinen Vorteil bedacht, fuhr er beim Ackern eine Furche nach der andern vom Äckerlein eines Armen zu seinen Äckern daneben. Da nach und nach auch die Grenzsteine verschwanden, konnte so ein Armer nie zu seinem Recht kommen. Da er das und andere Dinge ungestraft tun konnte, wußte man, daß es bei ihm nicht mit rechten Dingen zuging, daß er hexen konnte.

Nachdem der Fridli-Vogt gestorben war, saßen nach seinem Begräbnis seine Verwandten und Dienstboten in der Stube beim Leichenmahl. Es gab Speck und Brot zu essen und Schnaps zu trinken. Drei Knechte hatten es sich oben auf dem warmen Kachelofen bequem gemacht, und als alle so beim Schmausen waren, rief einer vom Ofen herab: „Wenn ihr wüßtet, was mit dem Speck gscheh isch, wurdet ihr ehn nit esse!“ Und da fragten alle gleich: „Warum nit?“ Und da gab der Knecht zur Antwort: „Wil der Vogt der Magd s Füdle iigschmirrt het dermit!“ Den Speck hatte der Vogt den Leuten nicht gegönnt, und allen war auch gleich der Appetit vergangen.

Sie ließen einen Hexenbanner kommen, der den bösen Geist des Fridli-Vogts in einer Moßguttere an den Zeller Blauen bannte. Und der Geist in der Flasche kommt jedes Jahr einen Hahnenschritt vom Zeller Blauen näher zum Dorf herab. Kommt er bis ins Dorf, muß er darin so lange umgehen, bis ihn einer vom Bann erlöst. (143)

GRESGEN

GESCHREI IM HOCHWALD

Derselbe Bursch ging einmal mit einem Kameraden gegen zwölf Uhr nachts von Hausen im Wiesental durch den dichten Wald den Weg nach Gresgen hinauf. Als sie so bergauf gingen, hörten sie plötzlich droben im Hochwald jemanden so schrecklich schreien und brüllen, als ob einer umgebracht würde. Den beiden lief vor Schreck die Gänsehaut den Buckel hinauf, und sie machten, daß sie so schnell wie möglich weiterkamen. Fast liefen sie sich zu Tode und mußten zum Verschnaufen hinhocken. Da war es auf einmal still. Sobald sie weiterliefen, ging das Geschrei wieder los. So ging es weiter, bis sie ganz abgehetzt ins Dorf kamen. (144)

TEGERNAU

SCHWARZER MANN WILL ERLÖST WERDEN

Als am Karfreitagmorgen ein Demberger Bube unten an der verfallenen Burg bei Tegernau vorüberging, rief und winkte ihm von dort ein schwarzer Mann, zu ihm hinauf zu kommen. Ohne Furcht ging der Knabe auf einem Weg, den er jetzt zum erstenmal an dem steilen Schloßfelsen sah, hin zu dem Gespenst. Dieses sagte ihm, er könne es erlösen und den Schatz auf der Burg gewinnen, wenn er jetzt niederknie und das nachbete, was er ihm vorsprechen werde.

Der Bube gehorchte. Während er betete, kamen drei Hafen aus dem Boden, die beiden äußeren ganz, der mittlere, worin Gold funkelte, zur Hälfte. Dreimal sprach der Knabe das Gebet, ohne je das letzte Wort nachsagen zu können. Da krachte es fürchterlich, Mann und Häfen versanken, und der Bube lief erschrocken davon. Der Weg, auf dem er hinauf und wieder herunter gekommen war, war nachher wieder verschwunden. (145)

HOLL

DAS UNBEKANNTE MÄDCHEN

Bei einem Bauern in Holl diente ein unbekanntes Mädchen, das sehr fleißig und ordentlich war, aber durchaus nicht sagen wollte, wie es heiße. Als einst der Mann, ein Joch tragend, vom Felde heimging, rief ihm die Stimme eines Unsichtbaren mehrmals nach: „Jochträger, sage der Gloria, der Kanzelmann sei gestorben!" Erst beim Nachtessen erinnerte sich der Bauer wieder an den Vorfall und erzählte ihn dem Mädchen mit der Bemerkung, nun wisse er, daß sie Gloria heiße. Da sprang das Mädchen Hals über Kopf davon und ließ sich niemals wieder sehen. (146)

ELBENSCHWAND

DER KRATZGEIST

In einem Haus in Elbenschwand hörten die Leute ständig unter einem Bett so kratzen, als ob man mit den Fingernägeln den Boden aufkratzen wollte. Die Leute rückten das Bett zur Seite, gruben darunter nach, fanden aber nichts, und das unheimliche

Kratzen ging weiter. Nun dachten sie, es müsse ein böser Geist, der dorthin gebannt worden war, unter dem Bett sein Unwesen treiben. Sie holten den Scharfrichter von Rheinfelden, der den Kratzgeist verbannte. Da hörte das Kratzen endlich auf. (147)

ELBENSCHWAND

DAS MÄDCHEN IM STALL

Die jungen Leute trafen sich früher im Winter gern im letzten Haus in Elbenschwand beim fröhlichen Lichtgang. Die Frauen saßen am Spinnrad, und es wurde erzählt, gesungen und auch getanzt, manchmal bis um Mitternacht. Gingen sie dann um zwölf Uhr aus dem Haus, sahen sie ein Mädchen aus dem Stall schlüpfen und in der Nacht verschwinden.

Den Burschen gefiel das nette Mädchen, und einer sagte, er getraue sich, das Mädchen festzuhalten. Da wollten die andern auch dabei sein, und in der nächsten Nacht gingen sie vor zwölf Uhr in den Stall. Das Mädchen war noch da, und der Bursche nahm es sofort fest in den Arm. Aber auf einmal hatte er nichts mehr im Arm, und das Mädchen war nicht mehr zu sehen. Zwei Tage darauf mußte der Bursche sterben. Das Mädchen aber hat sich nie mehr gezeigt. (148)

RAICH

SCHATZ AUF ALT-WINDECK

Von dem hochgelegenen Dorfe Raich, zwischen dem Kleinen Wiesental und dem Köhlgartenwiesental, geht der Blick über den reizvollen Landstrich am Rheinknie bis zu den Alpen. Das uralte Bauernland war schon im Mittelalter im Besitz der Herren von Alt-Windeck. An die Burg oder „das Schloß“ Alt-Windeck erinnern nur noch wenige Namen. Einmal wollte ein Bursche um Mitternacht den Weg gehen, über dem sich einst die Burg

Spinnstube, Holzschnitt von H. S. Behan, 16. Jh.

Alt-Windeck erhoben hatte, als er vom Schloßfelsen her dreimal seinen Namen rufen hörte. Er sah hinauf, da winkte ihm von droben ein schwarzer Mann, er solle heraufkommen. Der Schloßfelsen aber war von dichtem Gestrüpp umwuchert, und es ging kein Weg hinauf.

Plötzlich teilte sich das Gebüsch, und ein geschlungener Weg war zu sehen, dem der Bursche unerschrocken folgte. Droben zeigte ihm der schwarze Mann reiche Schätze in silbernen Schüsseln und sagte zu dem Burschen, er werde alles bekommen, wenn er ihm dreimal ein Gebet vollständig nachsagen könne. Der Bursch sprach auch zweimal das Gebet vollständig nach, aber das drittemal konnte er beim besten Willen das letzte Wort nicht aussprechen. Gerade schlug es von der Tegernauer Kirche her zwölf Uhr, da begann droben ein Getöse und Krachen, daß dem jungen Mann angst und bange wurde. Er sah nur noch, wie der unheimliche schwarze Mann und die silbernen Schüsseln und Kannen im Boden versanken. Entsetzt floh er den Berg hinab, und hinter ihm verwuchs der Weg wieder sogleich zu dichtem Gestrüpp. Von dieser Nacht an ging der Bursche nie wieder am Schloßfelsen vorbei. (149)

RAICH

DER TEUFEL WOLLTE KEINE KIRCHE

Bei Raich sollte einst auf dem Kirchbühl eine Kirche errichtet werden, und man hatte das Bauholz schon angefahren. Aber der Teufel sah das nicht gern und warf in einer Nacht alles Holz ins Tal hinab. Es wurde trotzdem wieder heraufgeschafft, und wieder schickte der Teufel das Holz den Berg hinunter. Daraufhin wurde beschlossen, die Kirche nicht droben zu erbauen, sondern drunten in Tegernau an der Kleinen Wiese, und dort ist sie zu großer Bedeutung weit über das Tal hinaus gelangt. (150)

WIES

DAS SCHRÄTTELI

Bei Wies lebte einmal vor langer Zeit ein Schrättele. Das hatte ein Hüttlein in der Teufels-Chuchi, also in des Teufels Küche, wie es dort heute noch heißt. Dieses Schrättele war ein verhutzeltes Weibchen, kaum so groß wie ein Zwerg. Es hatte eine große Nase und einen ganz langen Bart, und immer war es hungrig. Sogar die Frucht auf dem Feld fraß es ab, fraß den Speck im Kamin an, wenn es argen Hunger hatte. Doch dort hinten in des Teufels Chuchi kochte es auch viele heilsame Tränklein für die Menschen und das Vieh. Sogar für Liebeskummer wußte es ein Tränklein, und es hat überall gerne geholfen. Für seine Tränklein brauchte man ihm nur ein paar Körnchen Frucht zu bringen oder ein Stückchen Brot, dann war es zufrieden und freute sich.

Manchmal brachte ihm auch einer nichts. Da wurde es zornig, zeigte seinen Zorn aber nicht. Das Tränklein füllte es stets in eine trockene Schweinsblase und gab es den Leuten mit. Gewöhnlich begleitete es diese ein Stückchen auf dem Heimweg. Es trug immer einen Dorn versteckt bei sich, und bekam es einmal nichts, so stach es damit heimlich in die Blase. Unbemerkt tropfte diese dann aus, und die Leute hatten das Nachsehen. Das Schrättele aber rieb sich schadenfroh die Hände und versteckte sich im Wald. So hat es das Schrättele lange Zeit getrieben, bis man eines Tages sein Hüttlein leer fand. Man hat nie wieder etwas von ihm gesehen und gehört. (151)

Dies ist keine Schrättelesage. Ein Schrättele kommt z. B. als Strohhalm durchs Schlüsselloch oder legt sich als Katze auf den Schläfer und verursacht schweres Alpdrücken. Sobald der Geplagte fest zupackt, hat er den Quälgeist in seiner Gewalt, vielleicht als Strohhalm, den er an die Tür nagelt, oder als Maus, die er zum Fenster hinauswirft. Der Alpdruck ist weg, und am nächsten Tag ist eine alte Frau tot oder übel zugerichtet.

WIES

DER VERGRABENE SCHATZ

Es ist schon lange her, da erzählten sich die Leute in Wies bei Tegernau im Kleinen Wiesental, daß in einem Haus ein großer Waschkessel voll Geld vergraben liege. Aber nur um Mitternacht bei Neumond könne man den Schatz gewinnen, und nur, wenn man kein Sterbenswörtlein rede.

Einmal kamen ein paar Burschen von Wies überein, den Schatz zu heben. Um die zwölfte Stunde fingen sie heimlich an, in dem Haus zu graben. Als sie einen Meter tief waren, gruben sie einen großen schwarzen Hund heraus, der ganz feurige Augen hatte. Aber die Schatzgräber hatten keine Angst, und schweigend gruben sie weiter. Auf einmal kam ein großer Wolf heraus, der noch grausamer aussah als der große schwarze Hund. Sie taten, als sähen sie den Wolf gar nicht, sagten kein Wort und gruben weiter. Jetzt kam aber ein riesengroßer Bär heraus, der die Burschen anfallen wollte. Diese wehrten sich, und der Bär lief davon und verschwand in der Nacht. Und keiner hatte dabei ein Sterbenswörtlein gesprochen.

Nachdem sie eifrig und schweigend weitergegraben hatten, stießen sie endlich auf den Waschkessel. Der war bis obenhin voll mit Gold, so daß den Burschen fast die Augen übergingen. Schnell wickelten sie dicke Ketten um den Kessel und zogen ihn mit aller Kraft ein Stück heraus. Da kam plötzlich ein kleines altes Weiblein aus dem Loch, dem feurige Därme aus dem Bauch heraushingen, und die Schatzgräber schüttelte der Ekel, als sie das sahen. Entsetzt rief einer: „Das isch jetz doch noh s Schlimmscht, wu usechuu isch!“ Kaum hatte er das gesagt, da krachte es so gewaltig, als ob das ganze Haus einstürzte. Und der Kessel mit dem vielen Gold rumpelte wieder hinunter. Die Burschen aber rannten vor Angst davon und blickten sich nicht einmal mehr um. Seitdem hat man von dem Schatz nichts mehr gehört und gesehen. (152)

WIES

DAS ENDE DER SCHWEIZERMÜHLE

Nahe bei dem Schwander Brücklein stand einst an der engsten Stelle des Wieser Tales die Schweizermühle. Man hatte der Mühle diesen Namen gegeben, weil der schluchtartige Engpaß entlang der Köhlgartenwiese an die Schweiz erinnert.

Im Dreißigjährigen Krieg kam ein fremder Müller nach Wies, der als Landsknecht verschiedenen Herren gedient hatte. Von seinen Kriegszügen habe er Säcke von Gold und Geld mitgebracht, wurde erzählt, an dem aber viel unschuldiges Blut klebe. Der fremde Müller kaufte die Schweizermühle, weil er glaubte, in diesem verborgenen Tal vor Räubern und Gesindel sicher zu sein, die damals das Land unsicher machten.

In jener Zeit konnte der Müller auch viel Feld und Wald billig erwerben, dingte Knechte und Mägde, und Mädchen und Buben wuchsen in der Mühle heran. In die Nähe des Tales waren bis dahin

Landsknechte, Exerzieren der Lanzenträger, Kupferstich von Heinrich Ulrich, 17. Jh.

selten einmal wilde Banden gekommen, denn es war bekannt, daß die Bauern den Zugang zu der engen Schlucht versperrt hatten und keinen hineinließen. Einmal aber kamen an einem frühen Morgen Menschen auf der Flucht das Tal herauf und riefen schon von weitem: „Der Schwed chunnt! Der Schwed chunnt!“

Sehr erschrocken hörte man das auch in der Mühle und wußte, daß es nichts Gutes bedeutete. Wohl hatte man droben auf dem Berg in einer Felsenhöhle schon lange das Wertvollste, auch Lebensmittel und Kleider versteckt, und in äußerster Not konnten sich die Müllersleute auch dort in Sicherheit bringen. Doch die Frauen und Kinder mußten ohne ihre Männer und Väter nun in die Höhle hinauf, denn der Müller konnte sich von seiner Mühle und seinem Hof nicht trennen.

Das wilde Geschrei kam immer näher, und bald stand ein großer Haufen schwedischer Landsknechte außen am Hag. Ihre Kleider waren nur noch Lumpen, aber sie hatten Waffen aller Art und brüllten und tobten, der Müller solle sein Geld und seine Weiber herausgeben, sonst würden sie seine Mühle anzünden. Da ahnte der Müller, daß es jetzt auf Leben und Tod gehen würde, aber zur Flucht war es zu spät. Immer mehr Landsknechte zogen heran, sie begannen die Sperren einzureißen, den Hag niederzustampfen und erschlugen die Hunde. Ein grausames Morden begann. In dem ungleichen Kampf sah der Müller seine Söhne und Knechte um sich fallen und kam als letzter vom Hof um. Jetzt fingen die Landsknechte an zu plündern, fraßen, soffen und lärmten bis zum Abend und wüteten in der Mühle, wie man es in dieser Gegend noch nie erlebt hatte. Zuletzt zündeten sie die alte Mühle an. Das große, ganz mit Stroh gedeckte Gehöft brannte wie Zunder. Wie mächtige Fakkeln schlugen die Flammen empor, und der Himmel und die Bergwände leuchteten schrecklich im roten Widerschein.

Die Rosse, das Vieh und alles, was sie mitnehmen konnten, trieb die Horde vor sich her und schleppte es mit sich, und ihr Gebrüll erfüllte das Tal. Die Frauen sahen verzweifelt von droben in den Felsen alles mit an. Erst am anderen Morgen getrauten sie sich herab und klagten um ihre Toten. Schließlich stiegen sie wieder hinauf in die Berge, und man hat nie wieder von ihnen etwas gesehen oder gehört.

Über den Platz, an dem die Schweizermühle gestanden, ist längst Gestrüpp und Gras gewachsen. Nur im Frühjahr, wenn in dunklen Nächten der Föhn von den Alpen her über das Tal braust, konnte man noch lange im Sturm und im Tosen des Wildbachs das Geschrei der Landsknechte, das Zusammenschlagen der Waffen und das Jammern und Klagen der Frauen hören. Der Name „Schwiizermühli" aber ist geblieben bis auf den heutigen Tag. (153)

WIES

VOGEL UNFRIED

Vor vielen hundert Jahren hatten die Herren von Wisa oder Wies im wild- und waldreichen Köhlgartenwiesental ihre Burg. Ein Ritter von Wies war rücksichtslos und gewalttätig gegen Mensch und Tier gewesen. Tag und Nacht ging er jagen und erlegte, was er antraf, immer begleitet von seinen bösen Hunden. Einmal schoß er ein Reh an, und seine Hunde verfolgten das Tier, das bei einer Frau in der Nähe Schutz suchte. Die Frau wehrte den Hunden, und als das der Jäger sah, hetzte er die Hunde auf die Frau. Sie wurde so übel zugerichtet, daß sie sterben mußte. Mit ihren letzten Worte verwünschte sie den Ritter, er solle im Grabe keine Ruhe finden. Und so war es auch. Als der Ritter gestorben war und man ihn ins Grab legen wollte, flog er als rabenschwarzer Vogel davon. Dieser hatte eine ganz eigenartige, heisere Stimme. Wenn er rief, bedeutete es nichts Gutes für das Dorf, gewöhnlich Unglück oder Krieg, und man nannte ihn Vogel Unfried. (154)

FISCHENBERG/WIES

DIE MÜHLE IM SÄGENGRUND

Droben am Köhlgarten, zwischen Wies und dem kleinen Weiler Fischenberg, treffen die Quellbächlein der Köhlgartenwiese, das Kühlenbrunner- und das Fischenberger Bächlein zusammen und bilden die Köhlgartenwiese. Diese mündet oberhalb Tegernau in die Kleine Belchen-Wiese.

Beim letzten Haus von Fischenberg stand einst eine Mühle wie eine Burg, über deren Hauseingang die Jahreszahl „Anno 1715“ eingeschnitten war. Noch älter als die Fischenberger Mühle war die Mühle im Sägengrund, die nach einer alten Schrift im Jahre 1651 erbaut worden war. Lange hat sich das Geschlecht der Sägemüller auf dieser Mühle gehalten. Einmal fuhr der Sohn des alten Sägemüllers mit einer Fuhre Holz über das Stühle, den Paß hinüber ins Klemmbachtal. Von dort brachte er eine junge Magd mit heim, die alle aufgetragene Arbeit in Haus, Stall und Feld gut und flink verrichtete. Aber man sagte, sie stamme von Zigeunern ab und traute ihr nicht. Sie hatte schwarze Haare und Augen und war sündhaft schön gewachsen. Obschon die Eltern ihren Sohn warnten, hörte er nicht auf sie und nahm die Magd zum Weib. Doch auch den ältesten Männern verdrehte sie den Kopf und führte ein böses Leben. Das ging wohl eine Zeit lang, bis es ein schlimmes Ende nahm mit den beiden und auch mit der alten, stolzen Mühle im Sägengrund.

An einem schwülen Julitag, dem eine große Hitze vorausgegangen war, kam vom Rhein und dem Blauen her ein schreckliches Unwetter über das Tal, Blitz auf Blitz und Schlag auf Schlag folgte. Ein schwerer Wolkenbruch ging über die ausgetrockneten Bergmatten, Felder und Wälder nieder. Der Sturm riß die stärksten Tannen um, und die Sturzbäche, die vom Köhlgarten herabschossen, rissen Holz, Felsblöcke, Steine und guten Boden mit sich – auch die Sägemühle im Sägengrund. Der Sohn des Müllers wurde vom Blitz erschlagen, und sein schwarzhaariges Weib nahm das Wasser mit sich fort. Man fand sie nirgends mehr und sagte, wegen ihres gottlosen Lebenswandels habe sie der Teufel geholt.

Die Stelle, an der die Sägemühle gestanden, ist längst überwachsen, aber der Platz heißt heute noch Im Sägengrund. (155)

KÖHLGARTEN

KÖHLGARTENTIER UND NACHTHEUEL

Im Spätjahr, wenn es früh dunkel wurde, und vor allem, wenn es der Weihnacht zuging, trieb sich in den Dörfern am Köhlgarten das Köhlgartentier herum. Das war ein böses Tier, halb Wolf und halb Vogel, und es erschreckte oft die Leute, wenn sie zu dieser Jahreszeit spät in der Nacht nach Hause gingen. Das Tier war sehr gefräßig und stahl sich sein Fressen in den Häusern. Nichts war vor ihm sicher. Lärmten die Kinder noch auf den Gassen, wenn es bereits dunkelte, riefen noch vor fünfzig Jahren die Mütter ihren Kindern zu: „Göhn heim, Chinder! S Chölgartetier goht um! Nit aß es euch mitnümmt!“

Der Nachtheuel war ein großer Vogel, und die Mütter warnten ihre Kinder auch vor ihm. Denn der Vogel hatte schon Kinder, die sich noch bei Dunkelheit auf den Gassen herumtrieben, mit sich in den Wald geschleift. Und wenn die Kinder am Abend nicht nach Hause kommen wollten, warnte die Mutter: „Meije, der Nachtheuel holt üch!“ (156)

Blick zum Belchen vom Untermünstertal aus, Zeichnung von Emil Lugo, 1889

BELCHEN

GOLDENER KLOTZ INMITTEN DES BERGES

Im Belchen liegt ein goldener Klotz auf einem silbernen Sägbock, und in dem See im Innern des Berges schwimmen ein Goldener Wiesbaum und ein goldenes Kegelspiel umher. (157)

NEUENWEG

DER NONNENMATTWEIHER

Am Fuße des Berges Köhlgarten stand vor Zeiten ein Frauenkloster. Darin war die Zuchtlosgkeit so groß geworden, daß die Nonnen mit den Mönchen des Gotteshauses in den Weihern Liebschaften unterhielten. Damit dies geheim bleibe, legten die Mönche, wenn sie in das Frauenkloster ritten, ihren Pferden die Hufeisen verkehrt auf. Zur Strafe für dieses Sündenleben versanken beide Gotteshäuser in die Erde. Auf dem Platze des Frauenklosters entstand sogleich ein unergründlicher See, der den Namen Nonnenmattweiher trägt. Auf seiner Oberfläche schweben in manchen Nächten Lichter und weiße Nonnen, auch ertönt aus seiner Tiefe zuweilen Chorgesang und Hahnengekräh. Ein Weg, welcher zu ihm führt, heißt Nonnenpfad. (158)

Heute weiß die Volksüberlieferung nichts mehr von dieser Klostergeschichte. Vielmehr erzählen die Einheimischen, daß an Stelle des Weihers früher eine sumpfige Wiese war, auf der die Nonnen, das sind zum Mästen bestimmte Kälbinnen, weideten. Später hätten die Mühlenbesitzer das Wasser durch einen Damm gestaut, und so sei der Weiher entstanden.

Am Dinkelberg und großen Rheinbogen

Die Erdmannshöhle bei Hasel, Radierung, 1803

OTTWANGEN (ADELHAUSEN)

DER WILDE JÄGER UND DER JAGDLUSTIGE BAUER

Einst kam ein Bauer von Ottwangen auf dem Heimweg vom Lörracher Markt zum Siebenbannstein, wo er sich müde im Grase niederlegte. Nach einiger Zeit hörte er von fern Gebell und Hussarufe. Als sich der Lärm näherte, versteckte er sich hinter einer dicken Eiche. Plötzlich schoß ein mächtiger Keiler an ihm vorüber. Ihm folgte ein Jagdzug, geführt von einem Jäger auf schwarzem Rosse. Von Jagdlust gepackt, schloß sich der Bauer der wilden Schar an. Doch als ihn ein finsterer Blick des Jägers traf, schlich er ängstlich zur Seite und machte sich auf den Heimweg.

Von einem grellen Schein geblendet, wachte er um Mitternacht auf. Vor dem Fenster stand der wilde Jäger und warf ein blutiges Knochenbündel in die Kammer mit den Worten: Du hast uns helfen jagen, so hilf uns nun auch nagen!“

Wie gelähmt lag der Bauer in seinem Bett, siechte dahin und war am dritten Tage tot. (159)

Der Siebenbannstein ist ein Grenzstein, an dem einst sieben Gemarkungen zusammenstießen, die Bänne von Lörrach, Stetten, Inzlingen, Hagenbach, Ottwangen, Adelhausen und Degerfelden.

EICHSEL

KUNEGUND, MECHTUND UND WIBRAND

In Eichsel hat man seit alters die drei Jungfrauen Kunegund, Mechtund und Wibrand verehrt und Wallfahrten zu ihrer Begräbnisstätte in der Eichseler Kirche unternommen. Im fünfzehnten Jahrhundert hatte die Verehrung und der Zulauf etwas abgenommen, und das klagte man dem päpstlichen Kardinallegaten Raymund Peraudi, als er 1504 nach Basel kam. Der Kardinal ernannte eine Untersuchungskommission, die im Mai 1504 in Eichsel zahlreiche, vereidigte Zeugen vernahm und deren Aussagen sorgfältig protokollieren ließ. Die heiligen Leiber wurden einige Wochen nachher feierlich erhoben. Die erwähnte lateinische Niederschrift kam im gleichen Jahr noch zum Druck und wurde später ins Deutsche übersetzt als „Legende Der drey Heiligen Jungfrauen Kunegundae, Mechtundae und Wibrandae, St. Ursulä Gesellschaft“, Constanz 1726. Darin steht all das, was man um 1504 in der Umgegend von Eichsel über die Jungfrauen zu erzählen wußte, z.T. in mehrfacher Aussage.

Leonhard Zimmermann aus Niedereichsel berichtete, von seinen Eltern folgendes gehört zu haben: Zu Eichsel ruhten drei heilige Jungfrauen, welche von St. Ursulas Gesellschaft gewesen; als die Heilige auf dem Rhein nach Köln zu geschiffet und gegen Dorf Weilen (Wyhlen) geländet, seien drei heilige Jungfrauen krank ausgestiegen und auf den Rürenberg zu dem Hof Rapperschweil gekommen.

Ein weiterer Zeuge, der 66jährige Johannes Steb von Schopfheim, sagte aus: Auf diesem Weg hätten die Jungfrauen einen tiefen Graben ohne Steg oder Brucken angetroffen; unversehens aber hätten sie aus besonderer Fürsichtigkeit und Kraft Gottes ein zugerichte Brucken gefunden, auf welcher sie über den Graben gangen.

Der Mägdebrunnen

Ein Rapperschweiler Bürger erzählte: Als die Jungfrauen dem Hof zugangen, habe die eine einen starken Durst gehabt und ihren Stecken, den sie in der Hand getragen, ein wenig in den Boden gesteckt. Da sei ein Brunnen entsprungen, der seit dem Tag der Jungfrauen Brunnen genennet werde. Der Weg, den sie gegangen, habe noch immerdar den Namen behalten: der Heiligen Jungfrauen Weg. Andere kannten dafür den Namen Mägdebrunnen und Mägdeweg.

Höchst Wunderbares wußte Rudolf Ryat, Kaplan beim Stift Basel, der früher als Pfarrer von Hauingen öfters nach Eichsel gekommen war, von dem Brunnen zu berichten: Alters seien bei dem Jungfrauenbrunnen allerhand giftige Würm gewesen, und niemand habe sich selbiger Orten gern finden lassen. Nachdem aber die heiligen Jungfrauen dahin kommen, seien die Würm aus der Kraft Gottes in Stein verändert worden, wie man am selbigen Brunnen dann noch Stein gesehen von unterschiedlichen Würmern.

Wahl der Grabstätte

Das Begräbnis der Jungfrauen erzählt Murer Helvetiy Sancta (1751): Wie die Jungfrauen zu Lebzeiten gewünscht hatten, legte man ihre Leiber auf einen Ochsenkarren und wollte es den Engeln überlassen, die Tiere zu leiten. Die Ochsen gingen nun einer hohen und großen Eiche zu, die tat sich voneinander und empfing die heiligen Leiber. Da hat man hernach eine schöne Kirche über ihre Gräber gebaut, und Gott hat große Wunder durch der heiligen Jungfrauen Verdienst gewirkt. Der Ort erhielt von der Eiche seinen Namen und wurde Eichsel genannt, d.i. quercus salutis, selige Eich.

Die Gräber und ihre Wunder

Vieles wußten die 1504 vernommenen Zeugen von den Gräbern und ihren Wundern zu erzählen, so z.B. Leonhard Zimmermann von Niedereichsel und gleich ihm sechs andere Leute. Ein Herzog von Österreich habe einmal befohlen, die Leiber der drei heiligen Jungfrauen zu suchen und aus den Gräbern zu erheben. Da man nun die Gräber öffnen wollte, sei ein Stimm gehört worden: „Deckt zu, deckt zu, es ist noch zu fruh!“ Darauf habe man die Gräber wieder zugeworfen und sei von dem Vorhaben abgestanden. Margarete Meyerin aus Degerfelden hatte von ihrem Vater gehört: Bei dieser Gräberöffnung sei eine Adelsperson dabeigewesen, die diese Stimme nicht achten wollte. Da sie aber mit dem Ausgraben mit Gewalt fortfahren ließ, sei sie darüber an beiden Augen blind geworden.

Der Johannes Steb aus Schopfheim sagte aus: Eine von den heiligen Jungfrauen liege auf dem Kirchhof begraben. Auf ihrem Grab sei ein großer eichener Stock gelegen, welcher einen sehr lieblichen Geruch als wie Violen von sich geben; das habe er nit allein gesehen, sondern selbsten diesen Geruch öfters geschmeckt. Nicht minder habe er auch gesehen, daß die Leut unterschiedlichemal – wie er auch selbst getan – von dem Stock kleine Stücklein abgeschnitten haben, in Absicht, solche mit heim zu tragen. Sobald das Holz aber vom Grabe gesondert war, habe es den lieblichen Geruch verloren, wie auch dieser Stock ganz vom Grabe abgewälzt keinen Geruch mehr von sich gebe. Mehrere Zeugen gaben an, auf den Gräbern hätten drei Sessel gestanden, auf denen die Bildnisse der heiligen Jungfrauen zu sehen waren. Einer der Sessel stand auf dem Kirchhof, die beiden anderen im Gotteshaus. Zeuge Hermann Müller von Degerfelden sagte, man habe einmal den einen Sessel vom Kirchhof in die Kirche hineingetragen. Des folgenden Tages aber sei er wiederum aus sonderbarer Kraft Gottes auf den Kirchhof an den Ort, wo die einte der heiligen Jungfrauen ruhet, hinausgetragen worden.

Viel wurde weiterhin berichtet und mit Eid bezeugt über wunderbare Heilungen von Fieber, Lähmung, Pest usw., auch wie Verspötter der heiligen Jungfrauen gestraft wurden und in schwere Krankheit fielen. (160)

EICHEN

DER SEE

Auf einem Berg bei Eichen liegt das Becken eines Sees. Es ist bald ganz trocken und mit Feldfrüchten bebaut, bald quillt überall Wasser hervor und füllt es bis zum Rand. Einmal brach das Wasser so schnell herein, daß ein Brautpaar, das Hand in Hand in dem Becken ging, nicht mehr flüchten konnte und ertrank. Nach der Sibyllen Weissagung bricht der See einst aus und reißt halb Eichen und den westlichen Teil Schopfheims samt der Kirche weg. Den Kirchenschlüssel wird man dann in Höllstein wiederfinden. (161)

EICHEN

PANKRATIUS IN DER EICHENNISCHE

Wo jetzt das Eichener Kirchlein steht, soll früher ein stundenweit sich ausdehnender Eichenwald gewesen sein. Beim Baumfällen wurde dort ein Mann namens Pankratius erschlagen. Ihm zum Andenken haben die Kinder und Verwandten in einem mächtigen Eichenstamm eine Nische ausgehauen und das Bild des heiligen Pankratius dort aufgestellt. Bald geschahen auch Wunder, manche Hilfesuchenden wallfahrten dahin, und man mußte später eine Kapelle, nach ihrem Zerfall das Kirchlein bauen. (162)

HASEL

ERDLEUTE

Die große Tropfsteinhöhle bei Hasel wurde vor Zeiten von Erdmännlein und Erdweiblein bewohnt und heißt davon Erdmännleinsloch oder Erdmannshöhle. Diese Leute waren sehr klein und hübsch und standen mit den Haslern in freundschaftlichem Verkehr. Den Bösen gaben sie heilsame Ermahnungen, den Guten halfen sie bei den Haus- und Feldgeschäften, die dadurch aufs beste gediehen. Manchmal nahmen sie aber auch den Arbeitern auf dem Feld Brot und Kuchen weg und legten dafür Steine aus ihrer Höhle hin, welche das Aussehen dieser Gebäcke hatten.

Als einst in dem Tälchen gegen Wehr ein Erdmännlein von einigen Leuten erhascht wurde, rief ihm ein anderes angelegentlich zu: „Sage nur nicht, wozu das Haberbrot und der kleine Kostets gut ist!“

Später, als in Hasel große Sittenlosigkeit eingerissen, ließen die Erdleute sich nicht mehr im Dorfe sehen, außer im ersten Haus von der Höhle her, dessen Bewohner allein der Tugend treu geblieben waren. In dieses Haus kamen eines Winterabends zwei Erdmännlein und baten den Bauern um Essen, wofür sie ihm ihre Bergwerke zu zeigen versprachen. Nachdem sie Suppe bekommen hatten, nahmen sie den Mann mit in die Höhle. Darin gelangten sie an fließendes Wasser, setzten mit einem Kahn über, und dann öffneten die Männlein den Eingang der Bergwerke. In diesen waren viele tausend Erdleute mit der Gewinnung und Bearbeitung von Gold und Silber beschäftigt. Als der Bauer alles betrachtet hatte, wurde er mit einem Goldstänglein beschenkt und bis vor die Höhle zurückgeführt. Von nun an kamen die Männlein jeden Abend in das Haus, um Suppe zu essen, worauf sie den Mann stets mit in die Höhle nahmen und ihm eine kleine Goldstange schenkten.

Dadurch wurde er allmählich sehr reich, ohne daß es jemand im Ort erriet, auf welche Weise dies geschah. Weil die Erdleute alle so lange Kleider trugen, daß ihre Füße ganz davon bedeckt wurden, sie diese überhaupt aufs sorgfälgste verbargen, ließ sich der Bauer endlich durch seine Neugierde dazu verleiten, abends in seinen Hausgang gesiebte Asche zu streuen. Darin zeigten sich dann, nachdem die Männlein darüber gegangen waren, deren Fußstapfen, die denen der Gänse ganz ähnlich waren. Als die Erdleute das Geschehen merkten, ließen sie sich nie wieder sehen, und wahrscheinlich haben sie die Gegend ganz verlassen. Gleich nachher fiel der Bauer in eine langwierige Krankheit, welche fortwährend zunahm. Dabei büßte er immer mehr sein Vermögen ein und starb zuletzt im tiefsten Elend.

Als in der Höhle zu Hasel noch Erdleute wohnten, kamen sie nicht allein in dieses Dorf, sondern auch in die anderen Orte der Umgegend. Die Erdweiblein brachten den Leuten von ihrem frisch gebackenen Kuchen, wiegten in Abwesenheit der Mütter die kleinen Kinder, fanden des Abends mit ihren Rädern sich in den Spinnstuben ein, blieben aber nie länger als bis zehn Uhr, weil sonst, wie sie sagten, ihr Herr sie schelte. Auch halfen sie und die Erdmännlein Hanf schleißen, das Vieh pflegen, welches dabei vorzüglich gedieh, die Frucht schneiden und in Garben binden. Hierbei bekam einmal eines der Männlein einen Knebel so heftig an den Kopf, daß es ein klägliches Geschrei erhob. Darauf liefen alle Erdleute aus der Nähe herbei und fragten, was geschehen sei, aber als sie es erfahren hatten, gingen sie mit den Worten: „Selber than, selber than!“ wieder auseinander. Bei Hausen hatten sie eine kleine Höhle, die das Erdmännleinsloch hieß. In die dortige Hammerschmiede kamen oft nachts solche Männlein und arbeiteten wacker mit.

Ein anderes Erdmännlein pflegte bei Nacht in der Wehrer Mühle, wenn der Müller schlief, für ihn zu mahlen. Weil es immer so schlecht gekleidet war, ließ er ihm heimlich einen neuen Anzug machen, legte ihn abends auf den Mühlstein und dann sich oben an eine Speicheröffnung, um das Männlein zu beobachten. Als dies kam und die Kleider sah, zog es sie sogleich an, ging darauf hinweg und betrat die Mühle niemals wieder.

Für ihre Dienstleistungen begehrten die Erdleute nur hie und da Obst oder reinlich bereiteten Kuchen. Wo sie hinkamen, brachten sie Glück und Segen; durch Fluchen wurden sie aber augenblicklich vertrieben.

In dem Tälchen zwischen Wehr und Hasel war ein Erdloch, worin ein Mann einen Dachs vermutete. Er ließ seinen Hund hinein und hielt einen offenen Sack hart an das Loch. Nicht lange, so sprang etwas in den Sack, welchen der Mann sogleich zuband, ihn auf den Rücken nahm und davonging. Plötzlich rief in der Nähe ein Erdmännlein: „Krachöhrle, wo bist du?" „Auf dem Buckel im Sack!" antwortete aus diesem eine Stimme und belehrte so den Mann, daß er statt eines Dachses ein Erdmännlein gefangen habe, welches er dann sofort frei ließ. (163)

HASEL

RITTER VON BÄRENFELS UND DIE ERDMÄNNLEIN

Der Ritter Ruprecht von Bärenfels verübte mancherlei Untaten gegen die in der Hasler Höhle wohnenden Erdmännlein, welche der Grausame mit seinen Bluthunden verfolgte. Als er nun seine Schwester Adelgunde zur ihrer verhaßten Ehe mit Bruno von Steinegg, dem Ritter einer nahen Burg, zwingen wollte, da entfloh sie mit ihrem Vetter Burkard. Bald wurden sie verfolgt, aber ein Erdmännlein verlieh ihnen Zuflucht in der Höhle, und ein herabrollendes Felsstück zerschmetterte die Verfolger Ruprecht und Bruno. (164)

ÖFLINGEN

SCHATZGRÄBER AUF DEM HUMBEL

Im Humbel befinden sich Hardmännlein, das sind Erdmännlein, die große Gold- und Silberschätze verborgen haben. Einmal pflügte ein Bauer und sein Knecht einen Acker auf dem nördlichen Humbel. Während sie miteinander redeten, kamen zwei

Die Erdmannshöhle bei Hasel, Radierung, 1803

Männlein aus dem Wald und suchten Kräuter. Der Knecht sprang ihnen nach und packte eines. Er fragte es, woher sie kämen und ob sie auch Schätze verborgen hätten. Das Zwerglein sprach: „Ja, aber die Menschen werden sie nicht finden." Der Knecht drohte ihm mit fester Stimme: „Wenn du nicht sagst, wo das Gold ist, so schlagen wir dich tot!" In seiner Not zeigte das Männlein die Stelle und verschwand mit seinem Kameraden in einer Höhle.

Sogleich begannen der Bauer und der Knecht zu graben, bis sie an ein Tor kamen. Dieses öffnete sich, und sie gingen langsam und ängstlich den Gang hinein. Plötzlich fing es an zu summen. Der Bauer fiel ohnmächtig zu Boden, der Knecht aber eilte so schnell er konnte zum Tor hinaus, das sich gleich hinter ihm schloß. Am anderen Tage suchten andere Männer, fanden aber keinen Gang mehr. (165)

ÖFLINGEN

DER LACHENGRABENGEIST HOLT EINEN TOTEN

Westlich des Humbels fließt in einer tief ins Kalkgestein eingeschnittenen Schlucht der Lachengraben. Er bildet, wie schon der Name „Lache" sagt, die Grenze der Gemarkung. In dieser unwegsamen, schauerlich steilen Waldschlucht haust der Lachengrabengeist. Noch unheimlicher wird die Gegend, wenn man sich daran erinnert, daß früher die Toten von Öflingen hier vorbei in das Kirchdorf Schwörstadt getragen werden mußten.

In früherer Zeit wütete in Öflingen die Pest. Eines Tages fuhren einige Leute mit einem Wagen voll Leichen über den Lachengraben nach Schwörstadt. Unterwegs fiel ein Toter vom Wagen; aber der Fuhrmann sagte: „Wir lassen ihn liegen bis morgen." Als sie am anderen Tag kamen, war die Leiche nicht mehr da. Noch am gleichen Tage starb auch der Fuhrmann und mußte am folgenden Tag selbst hinübergeführt werden. An all dem war der Lachengrabengeist schuld. (166)

ÖFLINGEN

DER LACHENGRABENGEIST FÜHRT WANDERER IN DIE IRRE

Ein Wehrer arbeitete in Schwörstadt. Täglich lief er nach Hause. Eines Abends verirrte er sich im Wald. Er lief mehrere Stunden umher und fand nirgends einen Weg hinaus. Endlich sah er in der Ferne ein Licht. Es war schon ein Uhr nachts, als er an das noch erleuchtete Haus kam. Er klopfte und bat um Auskunft, wo er sich denn eigentlich befinde, er habe den Weg nach Wehr verloren. Die Frau sagte ihm, daß er beim ersten Haus von Öflingen sei und erklärte ihm den Weg. Der Lachengrabengeist hatte ihn in die Irre geführt.

Andere Wanderer hat er auch schon vom Wege abgeführt, so daß sie erst am Morgen in Schopfheim wieder zu sich kamen.

Einmal war in Schwörstadt ein Fest, an dem sich auch zwei Öflinger aufhielten und ziemlich zechten. Als sie auf dem Heimweg über die Lachengrabenbrücke gingen, setzten sie sich auf das Geländer und spotteten den Lachengrabenspuk aus. Doch der Geist packte beide und warf sie die Halde hinunter. Als sie weitergehen wollten, hatte jeder einen großen Stein an die Füße gebunden. Noch heute haben Leute Angst, wenn sie diesen Weg nach Schwörstadt gehen müssen. (167)

ÖFLINGEN

DER LACHENGRABENGEIST QUÄLT VORBEIGEHENDE

Als in Öflingen noch kein eigener Pfarrer war, mußte der Mesner den Schwörstädter Geistlichen nach einem Versehgang nach Hause begleiten. Auf dem Rückweg rief ihm ein Schwörstädter Wirt zu: „Komm und nimm den alten Mann da mit!“ Der Mesner tat die Freundlichkeit. Als am Lachengraben der Sigrist schon über dem Steg war, schrie der Alte: „Da liegt was auf dem Boden, ich kann nicht hinüber!“ Schließlich trug ihn der Mesner hinüber. Auf der Höhe beim Kreuz sagte der Alte: „Ich habe einen ganz nassen Buckel; mir muß der Lachengrabengeist auf dem Rükken gesessen sein. Paß' auf!“ fuhr er fort, „gleich wird im nächsten Baum eine Elster rufen!“ Kaum hatte er das gesagt, so schrie schon die Elster, und im selben Augenblick packte der Geist den Alten am Fuß und riß ihn den Humbel hinauf. Der Sigrist eilte ihm nach und fand ihn endlich unter einem Baume. Doch der Alte konnte nicht aufstehen. Der Mesner sprach ein kurzes Gebet, da stand der Alte wieder auf und ging zitternd vor Schrecken nach Hause.

Manchmal erscheint der Geist auch als schwarze Gestalt. Eine Frau sah sie einmal sechs Schritte vor sich. Wenn die Frau stehenblieb, blieb das Schwarze auch stehen, lief sie aber weiter, so lief die Gestalt auch zu.

Ein andermal schlug der Geist einem heimkehrenden Mann am Lachengraben den Laufstecken aus der Hand, so daß er ihn nicht mehr finden konnte. (168)

ÖFLINGEN

DER PFLÜGENDE BAUER UND DIE HARDMÄNNLEIN

Eines Tages pflügte ein Bauer auf dem Humbel. Da fand er ein kostbares Messerlein. Er dachte gleich, daß die Hardmännlein dies verloren hätten. Da kamen sie auch schon und baten um das Verlorene. Doch der Bauer fragte sie zuerst, wofür Häferleinbrot gut sei. Die Erdmännlein sprachen: „Wenn du uns das Messerlein gibst, dann sagen wir dir, für was es gut ist.“ Der Bauer gab ihnen aber das Messerlein nicht, sondern schlug sie mit der Peitsche. In der Nacht unterhöhlten sie ein Stück seines Ackers. Als der Bauer am Morgen wieder pflügte, versanken die Ochsen in dem Loch. Jetzt jammerte der Bauer und flehte die Erdmännlein um Hilfe an. Nach langen Bitten und manchem Versprechen halfen ihm diese, die Ochsen wieder herauszuziehen. Zum Dank gab er ihnen das Messerchen wieder zurück. (169)

DINKELBERG

DREI HEILIGE SCHWESTERN

Ein Raubritter auf der Burg Mönchenstein hatte drei schöne Töchter, welche Chrischona, Ottilia und Margaretha hießen. Um diese freiten drei Brüder von Reichenstein, die in der Nachbarschaft ihren Sitz hatten. Da der Ritter mit ihnen in Fehde lag, wies er ihre Werbung zurück und ließ seine Töchter, weil sie ihre Freier liebten, einkerkern und in Ketten legen. Den Reichensteinern aber paßte er mit seinen Reisigen in einem Hinterhalt auf und nahm alle drei gefangen. Als er bald darauf hörte, daß seine Töchter sich im Kerker durch Gesang trösteten, wurde er so aufgebracht, daß er die drei Ritter auf den Burghof schleppen und vor den Augen ihrer Geliebten enthaupten ließ.

Kaum war diese Schandtat ruchbar geworden, so zogen die Freunde der Gemordeten mit ihren Mannen vor Mönchenstein und erstürmten und zerstörten die Burg. Den Fräuleins taten sie nichts zu Leide, ja, sie wollten für deren Glück in der Welt alle Sorge tragen. Aber diese beschlossen, Gott allein ihr Leben zu weihen. Deshalb erbauten sie sich am Ausgang des Wiesentales in das Rheintal auf drei unbewohnten Berggipfeln drei Kirchlein mit Klausen, deren jedes eine starke Stunde von den beiden anderen entfernt war. Hier lebten sie in großer Heiligkeit und gaben sich zu den verschiedenen Tageszeiten mit ihren Glöcklein das Zeichen zum Gebet, auch winkten sie sich mit großen weißen Tüchern, redeten miteinander durch lange Sprachrohre und sagten sich abends durch hinausgestellte Lichter gute Nacht. Nach Margarethas Tod setzten dies Chrischona und Ottilia fort, bis auch diese starb. Gottergeben ertrug Chrischona ihre Verlassenheit und folgte endlich ihren Schwestern in das Himmelreich. Jede diese Heiligen liegt in ihrem Kirchlein begraben, von denen das eine noch jetzt St. Chrischona, das zweite St. Margaretha und das dritte nebst dem dazu gehörenden Dorfe nach Ottilias Namen Tüllingen heißt. In allen müssen zum Andenken an die Jungfrauen große Sprachrohre gehalten werden.

Nach anderer Überlieferung waren die drei Schwestern Töchter eines heidnischen Fürsten, der sie von zu Haus verbannte, weil sie Christinnen geworden waren. Sie siedelten sich dann an den erwähnten Stellen an und lebten so heilig, daß Gott ihnen verlieh, einander zu verstehen, wenn sie von ihren Klausen aus sich mit gewöhnlicher Stimme unterhielten. (170)

DINKELBERG

GEIST GEBANNT

In einem Haus auf dem Dinkelberg spukte der verstorbene Eigentümer so arg, daß die Bewohner beschlossen, ihn fortzuschaffen. Zu diesem Zwecke ließen sie nacheinander einige Geistliche kommen, aber keiner vermochte über das Gespenst Herr zu werden. Endlich wurde ein Priester von ausgezeichneter Frömmigkeit berufen, zu welchem der Geist gleich sagte: „Was willst du mit mir, hast du nicht auch einmal beim Vorbeigehen aus einem Rübenacker eine Rübe herausgezogen?“ „Ja, das habe ich getan“, antwortete der Geistliche," aber weißt du nicht, daß ich nur die eine Hälfte aß und in die andere, welche ich zurückließ, einen Groschen steckte und damit die ganze Rübe übergenug bezahlte?" Darauf mußte das Gespenst schweigen und sich dann auf des Priesters Beschwörung in eine Flasche begeben. Diese wurde nun zugedeckt und von einem rüstigen Mann in einem neuen Reff nach dem Feldberg, dem Bestimmungsort des Geistes, getragen.

Unterwegs durfte der Mann nicht rückwärts sehen, keinen Schritt zurückgehen und das Reff nicht abstellen, obgleich die Flasche von Schritt zu Schritt schwerer wurde. Als er anfing, den Feldberg zu besteigen, rief hinter ihm eine Stimme: „He, ihr geht ja fehl, wenn ihr auf den Feldberg wollt, so müßt ihr den anderen Weg einschlagen!" Betroffen schaute er um und erblickte niemand. Aber im Augenblick war die Flasche weg und wieder in dem Hause. Aufs neue mußte er sie von dort forttragen, diesmal jedoch machte er alles recht und gelangte, von seiner Last fast erdrückt, auf den Gipfel des Feldberges, wo das Gespenst zu bleiben gezwungen war. Auf diesen Berg sind noch viele Geister gebannt, welche nach Kreuzerhöhung das Vieh in den dortigen Ställen so arg plagen, daß die Hirten um diese Zeit mit ihren Herden den Berg verlassen müssen. (171)

DINKELBERG

WIE DER TEUFEL IN EINEN MANN KOMMT

Auf dem Dinkelberg wurde aus einer Besessenen der böse Geist getrieben, wobei dieser um die Erlaubnis bat, in einen Grashalm zu fahren. Nachdem er sie vom Priester erhalten hatte, sprach der Geist: „So, nun wohne ich in vierzehn Tagen wieder in einem Menschen." „Wieso?" fragte der Geistliche, und darauf antwortete der Teufel: „Der Grashalm, in welchen ich fahre, wird einer Kuh zu fressen gegeben. Dadurch komme ich in sie und mit ihrer ungeseihten Milch in einen Mann, der von ihr aus einem Melkkübel trinkt." Wirklich war in vierzehn Tagen ein Mann, welcher in einer anderen Gegend wohnte, vom bösen Geiste besessen. (172)

CHRISCHONA

Auf einem Ausläufer des Dinkelberges, aber bereits zum Kanton Basel gehörig, liegt eine alte Kirche, weithin bekannt unter dem Namen Chrischona als protestantische Missionsanstalt. Sie ist benannt nach einer heiligen Jungfrau, die gleichfalls wie die Eicheler Jungfrauen zur Schar der heiligen Ursula zählte und mit ihnen hier am Oberrhein an Land ging.

Als jene drei Jungfrauen sich gegen das Dörflein Rapperschweil wendeten, starb auf dem Weg, nicht fern vom Rhein, die heilige Christina. Als man sie in der Erde bestatten wollte, konnte sie nicht bewegt oder zu dem Grabe getragen werden. Deswegen haben sie den Leichnam auf einen Karren gelegt und zwei junge Öchslein davor gespannt, die das Joch noch niemals getragen hatten. Und so hat man die Sach dem lieben Gott vertraut und befohlen. Also fügte es Gott, daß die zwei Öchslein den heiligen Leichnam auf den höchsten Grad des Berges der Herrschaft Riehen führten und ihnen dabei alle Bäume und Felsen weichen mußten. Als sie nun die Höhe erreicht hatten, standen sie still. An diesem Ort wurde der heiligen Christina Leichnam begraben und mittlerweil über ihr Grab eine schöne Kapelle gebaut, wo bald viel Wunder geschahen.

Man hat schon öfters nächtlicherweise drei Lichtlein von Eichsel hinüber nach dem Grab der Chrischona auf der benachbarten Höhe des Dinkelberges wandeln sehen. Nach einiger Zeit sollen dann vier Flämmlein nach Eichsel zurückgekehrt sein.

Eine etwas andere Fassung lautet:

In der Gesellschaft der drei Jungfrauen Kunigundis, Mechtundis und Wibrandis, deren Ruhestätte sich in Eichsel befindet, war eine vierte mit Namen Chrischona oder Christiana. Diese starb, nachdem sie mit den drei Vorgenannten zwischen den beiden Orten Wyhlen und Grenzach an Land gestiegen war, am Ufer des Rheines. Man nennt dort ein Feldstück, das etwas erhöht über seine Umgebung hervorragt, bis auf den heutigen Tag das Bett der heiligen Christiana, weil dies die Stätte ihres Todes gewesen sei. Es entstand nun ein Streit zwischen den Bewohnern von Wyhlen und Grenzach, wem der Leichnam gehören solle. Um dem Zwist ein Ende zu machen, gab ein alter Mann den Rat, man möge die Leiche auf ein Fuhrwerk legen und davor zwei Rinder spannen, die noch nicht im Joch gegangen waren. Wohin diese aus eigenem Antrieb gingen und wo sie stille ständen, da sollte die Ruhestätte der Hingeschiedenen sein. Die Tiere lenkten ihre Schritte aber nach keinem der beiden Orte, sondern wanderten dem nahe gelegenen Berg zu, welcher sich vor ihnen öffnete und so bis zur Spitze einen gangbaren Talweg bot, der jetzt noch Christianenweg heißt, wo dann der Leichnam bestattet und über dem Grabe in der Folgezeit eine Kirche erbaut wurde, die bis heute den Namen der Jungfrau führt, Christiana oder Chrischona. (173)

WYHLEN

HEXE ALS WAGENSPEICHE

Ein Fuhrmann fuhr mit schwer beladenem Wagen die Straße nach Führberg hinauf. Als er oberhalb des ehemaligen Klosters war, konnten die Pferde den Wagen nicht mehr vorwärts bringen. Alle Mittel, selbst Vorspannen, halfen nichts. Da sagte einer: „Der Wagen ist verhext, wenn ihr nicht die und die Speiche aus einem Rad herausschlagt, bringt ihr den Wagen nicht mehr vorwärts." Als man dessen Rat befolgte, hörte man einen Schrei, und der Wagen bewegte sich. Am nächsten Morgen aber lag eine Weibsperson, die schon längst als Hexe verschrien war, mit gebrochenem Bein im Bett und wollte absolut nicht angeben, wie und wo ihr der Unfall zugestoßen sei. (174)

Literaturnachweis

Baader, Bernhard: Volkssagen aus dem Lande Baden, Karlsruhe 1851 (zitiert: BI)

Baader, Bernhard: Neugesammelte Sagen aus dem Lande Baden, Karlsruhe 1859. Reprografischer Neudruck Bd. 1 mit Bd. 2, Hildesheim 1973 (zitiert: BII)

Bächtold, Hanns: Geschichten und Sagen aus dem südlichen Badener Lande, Badische Heimat 5/6, 1918/1919, S. 112–126

Baumgartner, Karl Ludwig: Sagen aus Öflingen, Mein Heimatland 23, 1936, S. 201–210 (zitiert: Baumgartner)

Bechstein, Ludwig: Aus dem Sagenschatz der Alemannen, Stuttgart 1982, Auszug aus dem deutschen Sagenbuch von 1853

Birlinger, Anton: Aus Schwaben, Sagen, Legende, Aberglauben, Freiburg 1874

Birlinger, Anton: Volkskundliches aus Schwaben, Bd. I, Freiburg 1861/1862 (zitiert: Birlinger)

Brüstle, Hans: Das wilde Heer, Die Sagen Baden-Württembergs, Freiburg 1977 (zitiert: Brüstle)

Diederichs, Ulf-Hinze, Christa: Alemannische Sagen, Köln 1984

Fecht, C. G.: Der südwestliche Schwarzwald und das anstoßende Rheingebiet, 4 Bde., Waldshut und Lörrach 1858/1861 (zitiert: Fecht)

Gath, Goswin Peter: Rheinische Sagen, von der Quelle bis zur Mündung, Köln 1943

Grimm, Jakob und Wilhelm: Deutsche Sagen, 4. Auflage, Berlin 1905 (zitiert: Grimm)

Hollenweger, Paula: Sagen aus dem Markgräflerland sind alemannisches Volksgut, in „Das Markgräflerland“, Beiträge zu seiner Geschichte und Kultur, Jg. NF 9 (40) Heft 3/4, Schopfheim 1978 (zitiert: Hollenweger)

Kayser, Otto: Badische Sagen, Bühl 1912

Künzig, Johannes: Badische Sagen, Eichblatt deutscher Sagenschatz 10, Leipzig 1925 (zitiert: KI)

Künzig, Johannes: Schwarzwaldsagen, 3. Aufl., Köln 1976 (zitiert: KII)

Meier, Ernst: Deutsche Sagen, Sitten und Gebräuche aus Schwaben, Stuttgart 1852, Nachdruck 1983 (zitiert: Meier)

Meyer, Elard Hugo: Badisches Volksleben im 19. Jahrhundert, Reprint der Ausgabe von 1900, Stuttgart 1984 (zitiert: Meyer)

Petzoldt, Leander, Hrsg.: Schwäbische Sagen, Frankfurt 1955 (zitiert: Petzoldt)

Petzoldt, Leander, Hrsg.: Historische Sagen, Bd. I und Bd. II, München 1976

Reich, Lucian: Wanderblühten, Nachdruck der Originalausgabe von 1855, Mannheim 1986 (zitiert: Reich)

Röhrich, Lutz: Sage, 2. Aufl., Sammlung Metzler Bd. 55, Stuttgart 1971 (zitiert: Röhrich)

Schäfer, Hermann: Der wilde Jäger im Markgräflerland, BH (MH) 1961, S. 350–353

Schmitt, Johann: Sagen und Geschichten aus dem lieben Badnerlande, 6 Bändchen, Karlsruhe (später Weinheim) 1903–1913

Schnezler, August: Badisches Sagenbuch, eine Sammlung der schönsten Sagen, Geschichten, Märchen und Legenden, 2 Bände, Karlsruhe 1845

Schönhuth, Ottmar, Hrsg.: Burgen, Schlösser, Kirchen und Kapellen Badens und der Pfalz, ihre Geschichten, Sagen und Märchen, Lahr 1860 (zitiert: Schönhuth)

Schreiber, Aloys: Sagen aus der Rheingegend, dem Schwarzwald und den Vogesen, Frankfurt 1848

Straub, Wilhelm: Sagen des Schwarzwaldes, Bühl 1982

Waibel, Josef/Flamm, Hermann: Badisches Sagenbuch, Bd. II, Sagen des Breisgaus und der Baar, Freiburg 1898 (zitiert: W./Fl.)

Die wichtigsten Zeitschriften und Periodika

Arbeitsgemeinschaft Markgräflerland für Geschichte und Landeskunde und Hebelbund Müllheim, Hrsg.: Das Markgräflerland, Beiträge zu seiner Geschichte und Kultur

Landesverein Badische Heimat, Hrsg.:
a) Badische Heimat, Zeitschrift für Volkskunde, ländliche Wohlfahrtspflege, Denkmal- und Heimatschutz, Karlsruhe 1914–1941 (zitiert: BH)

b) Mein Heimatland, Badische Blätter für Volkskunde, ländliche Wohlfahrtspflege, Denkmal- und Heimatschutz, Karlsruhe 1914–1943 (zitiert: MH)

c) Badische Heimat (Mein Heimatland), Zeitschrift für Heimatkunde, Naturschutz, Denkmal- und Kulturpflege, Volkskunst, Volkskunde, Familienforschung, Karlsruhe ab 1950 (zitiert: BH [MH])

Breisgau-Geschichtsverein Schauinsland, Hrsg.: Schau-ins-Land, ab 1874 (zitiert: Schauinsland)

Mone, Franz: Anzeiger für Kunde der deutschen Vorzeit, Karlsruhe 1832–1883 (zitiert: Mone)

Weitere benützte Literatur (Auszug)

Bühler, Ernst Friedrich: Steinen, die Chronik eines Dorfes, Hrsg. Gemeinde Steinen, 1982 (zitiert: Bühler)

Geiges, Leif/Heimann-Schwarzweber, Annemarie: Kunstführer Markgräflerland, Mannheim 1986

Humpert, Theodor: Heimatkunde des Amtsbezirkes Schönau im Wiesental, Schönau 1919 (zitiert: Humpert)

Klemm, Lina: Ewig schöne Heimat, Schopfheim 1963

Kruse, Johann: Hexen unter uns, Magie und Zauberglauben in unserer Zeit, Leer, 1978 (zitiert: Kruse)

Mahal, Günther: Faust starb in Staufen, Vaihingen/Enz 1986 (zitiert: Mahal)

Müller, Wolfgang, Hrsg.: Das Markgräflerland, Veröffentlichung des Alemannischen Instituts Nr. 24, Bühl 1969

Schneider, Johann Jakob: Das badische Oberland, Nachdruck der Ausgabe von 1841, Freiburg 1979 (zitiert: Schneider)

Sievert, A. J.: Geschichte der Stadt Müllheim im Markgräflerland, Müllheim 1886 (zitiert: Sievert)

Wagner, Paul: Waisch no, geschtern? Schopfheim-Fahrnau 1980

Zell i.W., Hrsg.: Stadt Zell i.W., herausgegeben zum 150jährigen Stadtjubiläum, Zell i.W. 1960

Quellennachweis

(Die Zahlen beziehen sich auf die Nummern der Sagen)

1 Hollenweger, S. 239, aufgenommen 1958, Erzähler Karl Sütterlin, Seefelden, geb. um 1900
2 Ebenda, S. 239
3 W./Fl., S. 231
4 Ebenda, S. 236, hier nach KII, S. 281
5 BI, Nr. 36, S. 29–31
6 W./Fl., S. 221–223
7 Ebenda, S. 228, vgl. KII, S. 87, Sievert, S. 464
8 BI, Nr. 35, S. 27–29
9 W./Fl., S. 228/229, siehe auch Sievert, S. 463
10 Hollenweger, S. 238, aufgenommen 1967, nach Hermann Kasper, Hertingen, geb. 1864
11 Ebenda, S. 235/236, aufgenommen 1912, Erzählerin Ida Hollenweger, Feldberg, geb. 1874
12 BII, Nr. 28, S. 20/21
13 KI, Nr. 42, S. 19/20
14 KI, Nr. 43, S. 20
15 KI, Nr. 25, S. 13
16 KII, S. 122
17 KI, Nr. 188, S. 65
18 KI, Nr. 202, S. 70
19 KI, Nr. 223, S. 84
20 W./Fl., S. 229/230
21 KI, Nr. 193, S. 67
22 KI, Nr. 201, S. 70
23 W./Fl., S. 230, siehe auch Sievert, S. 465
24 Ebenda, S. 217
25 KII, S. 161
26 W./Fl., S. 218
27 Hollenweger, S. 226–228, aufgenommen 1925, Erzähler Georg Liebrand, Feldberg, geb. 1866
28 Ebenda, S. 225/226, aufgenommen 1936, Erzähler Robert Steinger, Küfer, Feldberg, geb. 1882
29 Ebenda, S. 224/225, verkürzt, aufgenommen 1910, Erzähler Ernst Großklaus, Schuhmacher, Feldberg, geb. um 1876
30 KII, S. 107
31 Hollenweger, S. 223/224, aufgenommen 1912, Erzähler Georg Hollenweger, Feldkirch, geb. 1872
32 Ebenda, S. 221, wie oben
33 Ebenda, S. 222, aufgenommen 1910, Erzähler Johann Georg Hollenweger, Feldkirch, geb. 1847
34 Ebenda, S. 223, aufgenommen 1912, Erzähler Georg Hollenweger, Feldkirch, geb. 1872
35 Ebenda, S. 224, aufgenommen 1950, Erzählerin NN, Feldberg, geb. 1890
36 Ebenda, S. 221/222, aufgenommen 1912, Erzählerin Frau Steinger, Feldberg, geb. um 1850
37 Ebenda, S. 223, aufgenommen 1912, Erzähler Georg Hollenweger, Feldberg, geb. 1872
38 Ebenda, S. 222, aufgenommen 1914, Erzählerin Emma Steinger, Feldberg, geb. 1866
39 Ebenda, S. 228/229, aufgenommen 1912, Erzähler Georg Hollenweger, Feldberg, geb. 1872
40 Ebenda, S. 229/230, aufgenommen 1955, nach Christoph Wilhelm Kümmich, Kandern
41 Mones Anzeiger 1834, S. 365, hier nach KII, S. 95/96
42 KII, S. 324
43 Petzoldt, Nr. 305, S. 211/212
44 Hollenweger, S. 255/256, aufgenommen 1967, nach Hermann Kasper, Hertingen, geb. 1864
45 Ebenda, S. 256, wie oben
46 KII, S. 281
47 W./Fl., S. 214/215 (nach Haas, Volkskundliches, S. 7 in Alemannia XXV)
48 Schäfer, S. 351
49 Reich, S. 41/42
50 Hollenweger, S. 255, aufgenommen 1967, nach Hermann Kasper, Hertingen, geb. 1864
51 Ebenda, S. 255, wie oben
52 Ebenda, S. 255, wie oben
53 Schäfer, S. 351 (nach Volkssagen aus Tannenkirch, gesammelt und aufgeschrieben von K. Gärtner, 1925, mitgeteilt von K. Mink, Oberlehrer in Tannenkirch, Dorfheimat November 1936)
54 Reich, S. 36/37
55 Hollenweger, S. 257, aufgenommen 1967, nach Hermann Kasper, Hertingen, geb. 1864
56 Schäfer, S. 351
57 Reich, S. 39, hier nach KII, S. 263, vgl. BI

Nr. 40, S. 33/34
58 W./Fl., S. 206, hier nach KII, S. 322
59 Schäfer, S. 351
60 W./Fl., S. 202–206 (aus Schreibers Volkssagen, vgl. auch J. V. v. Scheffels „Hugideo“)
61 W./Fl., S. 199
62 BI, Nr. 64, S. 51/52
63 BI, Nr. 70, S. 59/60
64 BII, Nr. 69, S. 57–59
65 BI, Nr. 35, S. 29
66 Hollenweger, S. 262/263, mündlich aus Tumringen, aufgenommen 1924
67 BII, Nr. 14, S. 9
68 BI, Nr. 21, S. 16
69 Fecht, Der südwestliche Schwarzwald, II. Abt., S. 394, 335
70 KI, Nr. 99, S. 35 (nach Sagen aus Steinen i.W., Blätter aus der Markgrafschaft 3 [1917], S. 133)
71 Schäfer, S. 352, nach Mitteilung von Frau Rübin, Steinen
72 BII, Nr. 15, S. 9/10
73 KI, Nr. 19, S. 11, wie Nr. 70
74 BI, Nr. 35, S. 29
75 H. Boetsch, Die Heimat der Häfnet-Jungfrau, in Monatsblätter des Bad. Schwarzwaldvereins, VIII. Jg. Nr. 10 Oktober 1926, S. 74 f.
76 Nach Bühler, S. 280/281
77 KI, Nr. 318, S. 118
78 Meier I., S. 119/120, vgl. W./Fl., S. 190
79 KI, Nr. 35, S. 16/17
80 KI, Nr. 250, S. 93
81 Hollenweger, S. 266, aufgenommen 1968, Erzähler Karl Fr. Ringwald, Fahrnau, genannt „Möhrenvater“, geb. 1888
82 Ebenda, S. 266/267, wie oben
83 Aufgenommen von L. Vögely, 1988, Erzählerin Frau Annemarie Fritz-Ringwald, Schopfheim-Fahrnau
84 Jeremias Krittler im Schwarzwaldkalender 1895, S. 52, vgl. W./Fl., S. 165/166 und KII, S. 120/121
85 W./Fl., S. 186
86 BII, Nr. 18, S. 13/14
87 Jeremias Krittler in Schwarzwaldkalender 1896, S. 67, hier nach W./Fl., S. 166/167
88 KII, S. 144
89 BII, Nr. 17, S. 12/13
90 Humpert, S. 32
91 BII, Nr. 19, S. 14
92 KI, Nr. 177, S. 60/61
93 W./Fl., S. 165 (mene = mhd. Fuhr- und Zugvieh, wovon menewec = Fahrweg kommt)
94 Petzoldt, Nr. 260, S. 179/180 (auch Hollenweger nach mündl. Erzählung)
95 KI, Nr. 53, S. 22
96 Jeremias Krittler in Schwarzwaldkalender 1895, S. 52, hier nach W./Fl., S. 164/165
97 BII, Nr. 20, S. 15
98 BII, Nr. 21, S. 15/16
99 Humpert, S. 31
100 BII, Nr. 22, S. 16
101 BI, Nr. 24, S. 19
102 Humpert, S. 32 (nach Jeremias Krittler im Schwarzwaldkalender 1896, S. 67, vgl. W./Fl., S. 167/168)
103 W./Fl., S. 171 (KII, S. 248/249)
104 Humpert, S. 30
105 W./Fl., S. 162 (KII S. 336)
106 KII, S. 160/161
107 BI, Nr. 27, S. 20/21
108 BI, Nr. 29, S. 23 (Humpert S. 29)
109 BI, Nr. 28, S. 21
110 W./Fl., S. 158
111 BI, Nr. 31, S. 23/24
112 W./Fl., S. 159 (Rombach, Todtnau, S. 55)
113 Hier nach KII, S. 113, vgl. Sturm, Der Schatzstein von Todtnauberg, Bilderschau der Freiburger Zeitung vom 5. 3. 1927 und W./Fl., S. 161/162
114 W./Fl., S. 159
115 Ebenda, S. 153
116 Ebenda, S. 150–152
117 BI, Nr. 47, S. 38/39
118 Schäfer, S. 351, mitgeteilt von K. Seiter, Rektor i. R. in Schopfheim
119 Hollenweger, S. 262/263, aufgenommen 1967, nach F. A. Stocker, Aarau, geb. 1884
120 BI, Nr. 33, S. 26
121 BII, Nr. 26, S. 17, W./Fl., S. 211
122 BII, Nr. 27, S. 17–20, siehe dazu E. Scheffelt, Ringwälle und Burgruinen des Blauengebietes in den Monatsheften des Bad. Schwarzwaldvereins XV. Jg. Nr. 5, Mai 1912, S. 55 ff.
123 Hollenweger, S. 233/234, aufgenommen 1928, mündlich aus Sitzenkirch
124 BII, Nr. 25, S. 17
125 Hollenweger, S. 232, aufgenommen 1962, Erzähler Brombacher, Wies, geb. um 1875

126 BI, Nr. 34, S. 27
127 W./Fl., S. 178/179
128 Hollenweger, S. 265, aufgenommen 1916, mündlich aus Hofen und Weitenau
129 Ebenda, S. 265, wie oben
130 Ebenda, S. 276, aufgenommen 1915, wie oben
131 Nach einem Gedicht von Uehlin in Schauinsland XIV, S. 35, zitiert in W./Fl., S. 180/181
132 Hollenweger, S. 275, aufgenommen 1915, mündlich aus Enkenstein, vgl. die Sage Adelsberg, Nr. 97
133 Ebenda, S. 275/276, wie oben
134 Ebenda, S. 275, aufgenommen 1968, Erzähler Grether, Gresgen, geb. um 1893
135 Ebenda, S. 273, wie oben
136 Ebenda, S. 273, aufgenommen 1968, Erzählerin Frau Grether, Gresgen, geb. um 1920
137 Ebenda, S. 173, aufgenommen 1968, Erzähler Grether, Gresgen, geb. um 1893
138 Ebenda, S. 273, wie oben
139 Ebenda, S. 296/297, aufgenommen 1968, Erzähler Reinhard Räuber, Gresgen, geb. 1882
140 Ebenda, S. 270, wie oben
141 Ebenda, S. 270/271, wie oben
142 Ebenda, S. 271, aufgenommen 1968, Erzähler Friedrich Dörflinger, Gresgen, geb. 1883
143 Hollenweger, S. 271, aufgenommen 1868, Erzähler NN aus Gresgen
144 Ebenda, S. 272, aufgenommen 1968, Erzähler Friedrich Dörflinger, Gresgen, geb. 1883
145 BI, Nr. 25, S. 19/20
146 BI, Nr. 26, S. 20
147 Hollenweger, S. 272, aufgenommen 1968, Erzähler Grether, Gresgen, geb. um 1893
148 Ebenda, S. 272, aufgenommen 1968, Erzähler Friedrich Dörflinger, Gresgen, geb. 1883
149 Ebenda, S. 276, aufgenommen 1964, mündlich aus Raich
150 Ebenda, S. 272, wie oben
151 Ebenda, S. 278, aufgenommen 1963, Erzähler Otto Kilchling, Wies, geb. um 1895
152 Ebenda, S. 277/278, wie oben
153 Ebenda, S. 280/281, wie oben
154 Ebenda, S. 278, wie oben
155 Ebenda, S. 279, wie oben
156 Ebenda, S. 279, wie oben
157 KII, S. 131
158 BI, Nr. 30, S. 22/23
159 Schäfer, S. 352
160 KII, S. 206–208 (W./Fl., S. 194–196)
161 BI, Nr. 22, S. 17, hier nach KII, S. 161
162 KII, S. 228
163 BI, Nr. 23, S. 17–19, BII, Nr. 16, S. 10–12
164 W./Fl., S. 186
165 Karl Ludwig Baumgartner, Sagen aus Öflingen in MH 23. Jg. 1936, S. 202 ff.
166 Ebenda
167 Ebenda
168 Ebenda
169 Ebenda
170 BI, Nr. 20, S. 16/17
171 BII, Nr. 13, S. 7/8
172 BII, Nr. 12, S. 7
173 BII, S. 208, dort auch nähere Angaben, vgl. W./Fl., S. 197
174 KI, Nr. 183, S. 62/63

Ortsverzeichnis

Sagenhaft!

In dieser Reihe sind
bislang erschienen:

Ludwig Vögely (Hg.):
Sagen des Kraichgaus,
184 S., ca. 45 Abb.,
ISBN 3-7650-8050-0

Ludwig Vögely (Hg.):
Sagen rund um Karlsruhe,
164 S., ca. 40 Abb.,
ISBN 3-7650-8051-9

Ludwig Vögely (Hg.):
Sagen rund um Freiburg,
192 S., ca. 45 Abb.,
ISBN 3-7650-8062-4

Erhältlich in Ihrer Buchhandlung.

G.BRAUN
Verlag Bücher

Karl-Friedrich-Straße 14-18 · Postfach 17 09
7500 Karlsruhe 1 · Telefon (07 21) 165-0